Deine Worte Sind Wie Gift

Wie du Fehler im Umgang mit Narzissten vermeidest und dich selbst schützt

Alena Klang

Deine Worte Sind Wie Gift

Auflage 2021

INHALT

Einleitung

Narzissmus – ein Schlagwort, mit dem immer öfter bestimmte Menschen bezeichnet und ihr Verhalten scheinbar erklärt wird. Aber was ist Narzissmus überhaupt und wie erkennt man ihn?

Jeder von uns ist in seinem Leben schon einmal einem Narzissten begegnet. Viele gehen sogar engere Bindungen mit ihnen ein, entweder weil sie zur Familie gehören oder weil man sich verliebt. Bindungen mit Narzissten sind allerdings von Schmerz geprägt und häufig ist uns gar nicht so recht bewusst, dass dies an der Persönlichkeitsstruktur des Narzissten liegt.

In diesem Ratgeber erfährst du, was Narzissmus ist, wie man ihn erkennen kann und wie man sich gegen ihn wehrt. Narzisstische Beziehungen zeichnen sich nämlich häufig über emotionalen Missbrauch des Partners aus und sind nicht selten durch und durch destruktiv. Aber auch der Narzisst ist letztlich nur ein Mensch und wenn wir seine Verhaltensmuster verstehen lernen, fällt es uns auch einfacher, uns von ihm nicht mehr manipulieren zu lassen. Dieser Ratgeber hilft dir dabei.

Zur Einfachheit wird an einigen Stellen das Wort „der Narzisst" benutzt, um Menschen mit narzisstischer Persönlichkeit zu beschreiben. Hierbei kann es sich sowohl um einen männlichen als auch um einen weiblichen Narzissten handeln.

Narzissmus als (neues) Phänomen

DER MYTHOS

Weil er sich in sein eigenes Spiegelbild verliebte, musste Narziss sterben. Diese alte griechische Legende liegt dem Begriff Narzissmus zugrunde. Narzissmus und narzisstische Persönlichkeitsstörungen sind wesentlich komplexer als diese einfache Übersetzung als „Selbstliebe". Dennoch hilft es, sich mit der Legende vertraut zu machen, um in etwa zu verstehen, woher der Begriff kommt.

In der griechischen Mythologie ist Narziss der Sohn von Kephios, dem Flussgott, und Leirope. Er ist außerordentlich schön und bekannt für diese Schönheit. Gerade deswegen wird er von Menschen aller Geschlechter viel umworben. Weil er sie alle barsch abweist, wird er aber von der Göttin Nemesis verflucht, fortan nur noch sich selbst lieben zu können.

Als er daraufhin in einem See sein Spiegelbild erblickt, verliebt er sich unsterblich, ohne zu erkennen, dass es sich dabei nur um ihn selbst handelt. Verzweifelt, dass seine Zuneigung nicht erwidert wird, bemüht er sich um eine Umarmung, die dazu führt, dass er in den See stürzt und ertrinkt.

Nicht jeder Narzisst ist von seinem eigenen Aussehen so hingerissen wie Narziss, und nicht jeder Narzisst hat ein übersteigertes Attraktivitätsempfinden. Zweifelsohne kann dies aber ein Ausdruck des Narzissmus sein. Darüber hinaus gibt uns dieser Mythos eine viel wesentlichere Erkenntnis über das Wesen eines Narzissten: Die Liebe, die der Narzisst für sich empfindet, gilt oftmals nicht sich selbst, sondern dem Bild, welches der Narzisst von sich hat.

Während wir den klassischen Narzissten somit als selbstverliebt bezeichnen würden, ist die Idee des Narzissmus nicht nur eine negative. So beendet zum Beispiel Oscar Wilde seine Version des Mythos ganz anders:

„Aber ich liebte Narziss, weil, wie er an meinem Ufer lag und auf mich niederblickte, ich im Spiegel seiner Augen stets meine eigene Schönheit sah."

Die eigene Schönheit in sich zu erkennen und sich selbst ehrlich zu lieben, ist etwas anderes als destruktiver Narzissmus. Echter Narzissmus ist der äußere Schein der Selbstliebe in Kombination mit einer hohen Ego-Bezogenheit.

Narzisstische Persönlichkeitszüge, echter Narzissmus und eine narzisstische Persönlichkeitsstörung sind alles unterschiedliche Ausprägungen von Narzissmus, die sich durch den Ausprägungsgrad unterscheiden. Auch in unserer heutigen Gesellschaft existiert er in verschiedenen Formen. Wie sich Narzissmus von dem griechischen Mythos unterscheidet, werden wir im nächsten Kapitel genauer beleuchten.

NARZISSMUS IN DER HEUTIGEN GESELLSCHAFT

„Der ist doch voll der Narzisst!" – diesen oder ähnliche Sätze haben bestimmt viele von uns schon einmal gehört oder gesagt. Damit meint man meistens, dass eine Person besonders auf sich selbst, ihr Ego oder ihr Erscheinungsbild fokussiert ist. Mit dem Begriff Narzissmus fasst man im Alltagsgebrauch nur allzu häufig Verhaltensweisen zusammen, die selbstdarstellerisch sind.

Tatsächlich ist Narzissmus ein Phänomen, das häufiger auftaucht. Jeder von uns ist wahrscheinlich schon mal jemandem mit narzisstischen Tendenzen begegnet, einige haben sogar engeren Kontakt mit einem Narzissten gepflegt. Besonders wenn man eine enge emotionale Bindung zu jemandem mit einer narzisstischen Persönlichkeitsstörung oder narzisstischen Tendenzen hat, hinterlässt einen diese Begegnung oftmals nicht spurlos. Deswegen ist es wichtig, dass wir uns darüber im Klaren sind, was Narzissmus überhaupt bedeutet, damit wir nicht vorschnell ein Urteil über jemanden fällen, dessen Social Media-Profil uns vielleicht einfach nicht gefällt.

Im Duden wird Narzissmus als übersteigerte Selbstliebe und Ich-Bezogenheit definiert. Tatsächlich sprechen wir dann von einem Narzissten, wenn die Zugewandtheit zu sich selbst so auffällig ist, dass man das Gefühl hat, die betroffene Person leidet unter einer verzerrten Realität. Oftmals fällt uns aber gar nicht auf, dass wir es mit einem Narzissten zu tun haben. Deswegen wollen wir uns einmal genauer ansehen, welche Merkmale typischerweise bei Narzissten vorzufinden sind.

KLASSISCHE MERKMALE

Woran erkennt man einen Narzissten? Zunächst einmal ist es vielleicht gut, sich in den Kopf zu rufen, dass kein Narzisst wie der andere ist. Dennoch haben die meisten sehr ähnliche Persönlichkeitszüge. Im deutschen ICD-10 sind neun Merkmale aufgelistet, von denen mindestens fünf erfüllt sein müssen, damit ein Mensch als Person mit narzisstischer Persönlichkeitsstörung klassifiziert werden kann. In Kurzfassung umfassen diese Merkmale die folgenden Eigenschaften:

- Ein übersteigertes Verständnis der eigenen Wichtigkeit (Überlegenheitsgefühl)
- Eine starke Eingenommenheit von Fantasien von Erfolg, Macht und Schönheit
- Der Glaube daran, besonders zu sein und nur von anderen besonderen Menschen verstanden zu werden
- Das Verlangen nach unermesslicher Bewunderung
- Ein überhöhtes Anspruchsdenken
- Die Ausbeutung von zwischenmenschlichen Beziehungen, unter anderem durch die Ausnutzung der anderen Person(en) zur Zielerreichung
- Ein Mangel an Mitgefühl und Empathie
- Häufig auftretender Neid und der Glaube daran, andere

wären neidisch auf einen selbst
- Arroganz, Hochmut und Ansichten, die diesen vertreten

Wie bereits erwähnt zeichnet sich nicht jeder Narzisst durch die gleichen Merkmale aus. Dennoch sieht man hier bereits, dass es bestimmte Verhaltensmuster gibt, die allen gemeinsam sind. Eine narzisstische Persönlichkeitsstörung liegt letztendlich auch dann vor, wenn die Persönlichkeit in solcher Art und Weise von der Normalbevölkerung abweicht, dass sie die betroffene Person selbst und andere negativ beeinträchtigt. Nicht jeder Mensch mit narzisstischen Persönlichkeitszügen ist somit laut Diagnostik ein Narzisst.

NARZISSTISCHE ANTEILE ODER NARZISSTISCHE PERSÖNLICHKEITSSTRUKTUR?

Ab wann ist also ein Narzisst ein Narzisst? Die Frage lässt sich nicht so leicht beantworten. Klassifikationssysteme bieten wertvolle Hinweise darauf, ab wann man von einer narzisstischen Persönlichkeitsstörung sprechen kann. Aber Klassifikationssysteme unterliegen auch einem ständigen Wandel. So war es zum Beispiel bis vor einigen Jahren noch üblich, die vermeintlich „Gesunden" ganz klar von den angeblich „Kranken" zu unterscheiden. Unser Bild von Gesundheit und Krankheit hat sich mittlerweile aber verändert und wie wir heute wissen, befinden sich die meisten Menschen auf einem Spektrum zwischen Gesundheit und Krankheit. Wir alle haben in uns bestimmte Persönlichkeitsanteile, die, stärker ausgeprägt, ein Hinweis auf eine psychische Krankheit sein könnten.

Genauso ist es auch mit Narzissmus. Man sollte aber unterscheiden können zwischen einer Person, die eine narzisstische Persönlichkeitsstruktur vorweist, und jemandem, der lediglich Anteile dieser in sich hat. Jemand, dessen Persönlichkeit vollkommen vom Narzissmus eingenommen ist, verhält sich auch in fast allen Situationen nach genau dieser Ausrichtung. Der Wunsch und das Streben nach Aufmerksamkeit und Wertschätzung ist so groß, dass er alles andere in den Hintergrund stellt. All seine Handlungen sind darauf ausgelegt, dies zu erreichen.

Eine Person, die hingegen lediglich Anteile einer narzisstischen Persönlichkeit aufweist, wird nicht so vorhersehbare Motive haben. Manchmal ist der Narzissmus ausgeprägt, und andere Male nicht. Wenn sich jemand also manches Mal wie ein Narzisst verhält und andere Male nicht, soll das nicht heißen, dass wir diese Person in die eine oder andere Kategorie verfrachten. Jemand darf für seine Handlungen, Haltungen und Persönlichkeitseigenschaften kritisiert werden, auch wenn man nicht jedes Mal danach die Uhr stellen kann.

Genauso obliegt es auch uns, zu akzeptieren, dass die meisten Menschen bis zu einem gewissen Grad narzisstische Anteile in sich tragen. Wie die meisten Persönlichkeitsstörungen beinhaltet Narzissmus nämlich nicht ein grundsätzlich abnormes Verhalten, sondern beschreibt vielmehr eine solche extreme Ausprägung von einem Verhalten oder Persönlichkeitsmuster, dass es schädlich für ihn selbst und seine Mitmenschen wird.

NARZISSTISCHE ANTEILE DER MENSCHLICHEN PERSÖNLICHKEIT

Nicht jeder narzisstische Anteil in unserer Persönlichkeit ist schlecht. Wissenschaftler haben sich bereits früh Gedanken darüber gemacht, ob jeder Narzissmus schädlich ist. Aufgrund der Annahme, dass Narzissmus vor allem durch die Verdrängung der eigenen Schwächen entstehe, besteht Grund zur Annahme, dass dem so sei. Ist es aber wirklich so? Tatsächlich hat jeder Mensch in sich irgendwo einen „kleinen Narzissten" und nicht immer schadet er uns selbst oder anderen.

Wenn man Narzissmus mit „Selbstliebe" übersetzt, wird schnell deutlich, dass die Idee des Narzissmus eine für die eigene Person förderliche ist. Selbstliebe ist etwas, das für unsere Persönlichkeit ganz im Gegenteil zum Narzissmus hilfreich, förderlich und gesund ist. Natürlich beinhaltet Narzissmus Selbstliebe bis zu einem krankhaft ausgeprägten Grad; das heißt aber nicht, dass die Idee, sich selbst Wertschätzung entgegenzubringen, falsch ist.

Wenn man über diese alltagssprachliche Übersetzung hinwegsieht und „echte" narzisstische Persönlichkeitsanteile betrachtet, so kann man zum Teil auch dort durchaus gesunde und förderliche Charakteristika ausmachen. Menschen, die einen narzisstischen Persönlichkeitsstil haben, nicht aber unter einer narzisstischen Persönlichkeitsstörung leiden, fallen zum

Beispiel durch andere Sachen auf. So geht ein narzisstischer Persönlichkeitsstil häufiger mit erhöhter Leistungsorientiertheit und hohem Ehrgeiz einher, der einem im Gegenzug hilft, Ziele zu erreichen und erfolgreich zu sein. Auch benehmen sich Menschen mit einem narzisstischen Persönlichkeitsstil gerne auffallend statusbewusst. Im Gegenzug zeigt sich aber schon hier, dass der narzisstische Persönlichkeitsstil schädliche Nachteile mit sich bringt: Oftmals sind diese Personen sehr neidisch, schnell gekränkt und können nicht gut mit Kritik umgehen. Die Ausprägung des Narzissmus ist hier schließlich von Bedeutung für die Auswirkungen, die dieser Persönlichkeitsstil haben kann.

Wenn die schadhaften Anteile der Persönlichkeit die förderlichen überwiegen, stellt dies sowohl für die betroffene Person als auch für die Menschen in ihrer Umgebung ein Problem dar. Zum einen, weil der Anspruch auf Wertschätzung und Anerkennung meistens so hoch wird, dass er sich unmittelbar auf die Menschen auswirkt, von denen der Narzisst diese verlangt; zum anderen, weil das meistens bedeutet, dass auch der Narzisst selbst mit inneren Dämonen zu kämpfen hat, die er noch nicht überwältigen konnte.

Narzissmus als Persönlichkeitsstruktur ist dann schädlich, wenn das Wohl anderer aus dem egoistischen Antrieb der betroffenen Person geschädigt wird. Es ist verzeihbar und natürlich, wenn jemand mal einen „Ego-Trip“ hat. Ist dieses Verhalten aber häufig und verläuft es nach einem konkreten Muster, sollte man sich darüber Gedanken machen, ob der Narzissmus nicht einen erheblichen Anteil der Persönlichkeit einnimmt.

Sobald das der Fall ist, hat es unmittelbare Auswirkungen für alle. Ein Narzisst, der sich selbst so in den Vordergrund stellt und sich als so deutlich wertvoller als andere wahrnimmt, beginnt zu manipulieren, sich an der Aufmerksamkeit der anderen zu nähren und zu lügen, um das eigene Selbstbild zu wahren. Die fehlende Empathie des Narzissten trägt schließlich dazu bei, dass er die Aufmerksamkeit und Zuwendung, die er von anderen einfordert, nicht erwidert oder nur dann entgegenbringen kann, wenn er selbst davon Vorteile zu erwarten hat.

Der Übergang zwischen narzisstischen Persönlichkeitsanteilen und narzisstischer Persönlichkeit ist also fließend. Aufmerksam sollte man dann werden, wenn der Schaden, der durch diese entsteht, größer wird und die Verhaltensweisen einem Muster folgen. Ein bisschen gesunder Narzissmus, ein wenig Ehrgeiz und der Wunsch, bewundert zu werden, liegt in uns allen; der schädliche Narzissmus aber deutet darauf hin, dass nicht nur die Person selbst unter großen Problemen leidet, sondern auch den Menschen in ihrer Umgebung solche zufügt.

DER ZUSAMMENHANG VON NARZISSMUS UND HOCHSENSIBILITÄT

Hochsensibilität bedeutet, eine erhöhte Empfindsamkeit für Wahrnehmungen, innere Vorgänge und Gefühle zu haben. Hochsensible Menschen berichten oft von stärkeren Reaktionen auf innere und äußere Reize. Das kann sowohl ein psychologischer Reiz sein als auch ein tatsächlicher Reiz wie ein Geräusch oder ein starker visueller Reiz. Hochsensibilität ist ein Phänomen, das noch viel erforscht werden muss, aber schon seit recht langer Zeit von vielen Menschen beschrieben wurde. Tatsächlich gibt es enge Zusammenhänge zwischen Hochsensibilität und Narzissmus. Das Ganze funktioniert in zwei Richtungen. Zum einen hat der Narzisst, trotz fehlender Empathie, häufig selbst Züge von Hochsensibilität, und zum anderen zieht er auch besonders häufig hochsensible Menschen an und in seinen Bann.

Wenn wir später näher auf die Entstehung von Narzissmus eingehen, werden wir noch einmal genauer analysieren, was genau dazu beiträgt, dass Narzissmus entsteht. Aber eines ist ganz klar: Narzissmus hat (fast) immer etwas mit einer Kränkung, einem geringen Selbstwert zu tun – dieser äußert sich dann letztendlich in der übersteigerten Wahrnehmung des Selbst. Im Gegensatz zu Narziss aus der griechischen Mythologie kann man deswegen bei Narzissten auch ein erhöhtes Bedürfnis nach Kontrolle feststellen. Damit der Narzisst sich selbst präsentieren kann, damit er kontrollieren und Macht ausüben kann, braucht er jemanden, auf den sich diese Macht auswirken kann. Hochsensible Menschen, gerade die, die selbst Kränkung erfahren haben, machen häufiger die Erfahrung, dass sie als dieser Mensch fungieren müssen – warum ist das so?

Hochsensible Menschen sind besonders anfällig für die emotionalen Schwingungen anderer Menschen. Sie haben ein hohes Verantwortungsbewusstsein und -gefühl und leiden auch oft und schnell unter Schuldgefühlen. Das gilt, wie bei Narzissten, natürlich auch nicht für jeden Hochsensiblen, jedoch treten unter diesen häufiger diese Eigenschaften auf. Der entscheidende Punkt, der diese beiden Menschen nun verbindet, ist die Reaktion der hochsensiblen Person auf den Narzissten. Viele Menschen, gerade hochsensible Menschen mit geringerem Selbstwert, sind in ihrer Empathie so groß und vergebungsvoll, dass sie hoffen, dass sie die schädlichen Verhaltensweisen des Narzissten durch genügend Hingabe und Aufopferungsbereitschaft eingrenzen können. Das ist natürlich nicht der Fehler der hochsensiblen Person – es ist allerdings eine Fehleinschätzung.

Bereits in sehr jungem Alter wird gerade vielen Frauen vermittelt, dass es ihre Aufgabe ist, liebevoll und hingebungsvoll mit ihrem Partner umzugehen – das gilt jedoch nur für den Fall, in dem der Partner diese Hingabe erwidert. Der Narzisst hingegen braucht die Wertschätzung, die Aufwertung und damit verbunden auch die Abwertung seines Gegenübers. Die Hingabe und Empathie, die die hochsensible Person dem Narzissten entgegenbringt, wirken dadurch also in die genau entgegengesetzte Richtung. Der Narzisst bekommt, was er braucht, und die Kraft der hochsensiblen Person wird im Gegenzug ausgeschöpft. Der veraltete Gedanke, dass nur die richtige Person kommen muss, um einen Menschen in seinem schlechten Verhalten zu ändern, verhindert, dass wir dieses Denkmuster früh genug erkennen und uns selbst schützen.

An dieser Stelle soll aber nochmals erwähnt werden, dass es sich auch bei dem Narzissten um einen Menschen handelt. Auch er hat Empfindungen und Bedürfnisse. Wie die hochsensible Person empfindsam für die Gefühle anderer ist, ist der Narzisst besonders empfindsam für Angriffe gegen sein

Selbst. Deswegen schließen sich Hochsensibilität und Narzissmus grundsätzlich nicht aus.

Auch wenn man das bedenkt, darf man das Verständnis für die Verletzung des Partners nicht mit der Idee verwechseln, dass der Partner von einem selbst geheilt werden muss. Wenn jemand einem in der Beziehung nicht das nötige Maß an Empathie und Hingabe entgegenbringt, das man braucht oder selbst mitbringt, liegt es nicht an einem selbst, noch mehr dafür zu tun. Das spielt dem Narzissten letztlich nur in die Hände und führt zu einer noch größeren Ausnutzung der eigenen Kapazitäten. Der zu bevorzugende Weg ist daher, zu akzeptieren, dass die andere Person diese Persönlichkeit vorweist und sich selbst allerdings genügend Respekt und Selbstliebe entgegenbringen muss, um nicht zum Spielball zu werden.

Seit ich das erste Mal diesen Mann mit dem charmanten Lächeln in der Innenstadt getroffen habe, sind mittlerweile über eineinhalb Jahre vergangen und fünf Monate ist es nun schon her, dass er sich von mir getrennt hat. Ich weiß noch genau, wie schrecklich diese Zeit für mich war. Ich habe ihn geliebt, obwohl mein vernebelter Verstand mich immer wieder angeschrien hat, dass etwas nicht stimmt.

Mittlerweile weiß ich es besser, aber lange Zeit habe ich mir selbst die Schuld für das Aus unserer Beziehung gegeben. Damit hat mein Ex-Freund allerdings genau das bekommen, was er schon immer wollte: meine ungeteilte Aufmerksamkeit. Seine Masche habe ich erkannt, kopfschüttelnd habe ich realisiert, was er mit mir gemacht hat, wie seine Manipulationen alles verändert haben und wie sein Narzissmus mich letztendlich traumatisiert hat.

Aber das ist nun Geschichte. Ich bin endlich wieder frei. Nun überfällt mich keine Angst mehr, wenn ich meine Wohnung verlasse und hinaus auf die Straße gehe. Ich habe keine Angst mehr davor, ihn an einer Straßenecke zu sehen oder ihm versehentlich über den Weg zu laufen, so, wie wir uns das erste Mal getroffen haben. Ja, ich würde schon beinahe sagen, dass ich endlich wieder glücklich bin. Schon lange habe ich nicht mehr an ihn gedacht, allerdings ist selbst diese Tatsache mittlerweile nur noch ein Nebengedanke. Vor ein paar Monaten noch hat es mich gefreut, wenn ich bemerkt habe, dass ich schon eine ganze Weile nicht mehr an ihn gedacht habe, mittlerweile realisiere ich das kaum noch.

Das Wetter heute ist wunderschön, vielleicht ein wenig kühl, aber doch immer noch schön genug, um draußen einen Spaziergang zu machen.

Ich bin auf dem Weg zu einer guten Freundin. Genau das hätte er gehasst, wenn ich es ihm erzählt hätte. Es musste sich schließlich immer alles um ihn drehen und deswegen sah er es nicht gerne, wenn ich meine Freunde oder selbst meine Familie traf. Doch mittlerweile ist mir das egal. Nun kann er mir keine Regeln mehr stellen und keine Drohungen aussprechen.

Als ich spüre, wie mein Handy in meiner Handtasche vibriert, bleibe ich kurz stehen, um es in die Hand zu nehmen. Einen Moment lang starre ich auf die Benachrichtigung in der Mitte des Bildschirms und lese den Namen immer wieder, der dort in schwarzen Buchstaben geschrieben steht.

Er will mir auf Instagram folgen. Vor nur drei Monaten hätte ich mich wohl noch darüber gefreut, mit der Hoffnung, dass er es vielleicht noch einmal mit mir versuchen möchte, aber mittlerweile weiß ich es besser. Er ist mir egal geworden, auch wenn der Weg dorthin schwierig gewesen ist.

Deswegen wische ich die Benachrichtigung einfach zur Seite, um sie zu löschen. Ein Lächeln ziert dabei meine Lippen und ich blicke hinauf in den Himmel, bevor ich weitergehe.

Wie viel Narzissmus steckt in mir?

Gesunder Narzissmus ist in uns allen vorhanden. Wir werden als egoistische, selbstbezogene Wesen geboren – nicht, weil das unserer wahren Natur entsprechen würde, sondern weil es in unseren ersten Lebensjahren notwendig ist, um zu überleben. Wir müssen unsere Bedürfnisse kundtun, damit wir gefüttert werden, sauber gehalten werden und Aufmerksamkeit und Liebe bekommen. Ohne diese Dinge überleben wir nicht. In den meisten gesunden Familienverhältnissen verschwindet dieser initiale Narzissmus, sobald wir älter werden. Natürlich behalten wir uns immer ein wenig davon bei, aber in einem gesunden, für unser Umfeld nicht schädlichem Maße. Gesunder Narzissmus beinhaltet die Wertschätzung der eigenen Bedürfnisse, ohne dabei davon abhängig zu sein, andere kleinzumachen oder von anderen bewundert zu werden.

SELBSTTEST

„Wie viel Narzissmus steckt in mir?"

Diese Frage hat sich wahrscheinlich jeder von uns schon einmal gestellt. Mit diesem kleinen Selbsttest bekommst du eine erste Einschätzung, ob du narzisstische Züge hast oder nicht.
Im Folgenden findest du allgemeine Ja-/Nein-Fragen. Nimm dir jetzt einen Stift in die Hand und beantworte die Fragen so ehrlich wie du nur kannst.

„Es ist schön, wenn Menschen bemerken, dass ich mich hergerichtet habe."

Ja | Nein

„Ich weiß immer was ich tue."

Ja | Nein

„Jeder liebt es, wenn ich Geschichten erzähle."

Ja | Nein

„Menschen erkennen meine Autorität immer an."

Ja | Nein

„Ich stehe gerne im Mittelpunkt der Aufmerksamkeit."

Ja | Nein

„Ich gehe gerne Risiken ein."

Ja | Nein

„Wenn ich die Welt regieren würde, wäre sie ein besserer Ort."

Ja | Nein

„Ich verdiene es erfolgreich und glücklich zu sein."

Ja | Nein

„Im Allgemeinen schneide ich bei vielen Dingen sehr gut ab."

Ja | Nein

„Ich habe gerne die komplette Kontrolle über mein Leben."

Ja | Nein

„Ich kann mich aus jeder Situation herausreden."

Ja | Nein

„Ich habe sehr hohe Erwartungen an die Menschen um mich."

Ja | Nein

„Ich habe ein natürliches Talent Menschen zu beeinflussen."

Ja | Nein

Zähle nun die Anzahl der Fragen, die du mit „Ja" beantwortet hast. Sind es mehr als zehn? Dann zeigst du mit großer Wahrscheinlichkeit narzisstische Tendenzen. Solltest du dir deswegen Sorgen machen? Nicht unbedingt. Diese Art von

Selbsttests ersetzen keine Diagnose von Fachleuten, sondern geben dir lediglich einen kleinen Anhaltspunkt. Auf den nächsten Seiten haben wir dir eine kleine Checkliste vorbereitet, anhand welcher du ablesen kannst, wie viel Narzissmus tatsächlich in dir steckt.

Empathie

Empathie ist die Fähigkeit, sich in die Gefühle einer anderen Person hineinzuversetzen und „nachzufühlen", wie diese Person empfindet. Dazu benötigt man zum einen ein generelles Verständnis für die Emotionen anderer, wie auch die Fähigkeit dazu, diese Emotionen zu erkennen und zu erspüren. Empathische Menschen schwingen mit anderen Menschen mit. Hast du das Gefühl, du wirst von den Gefühlen anderer manchmal mitgerissen? Wenn einer deiner Freunde glücklich ist – macht es dich dann auch glücklich? Narzisstischen Menschen mangelt es meistens an dieser Fähigkeit, Gefühle nachzuempfinden. Sie können Gefühle anderer Leute dennoch gut erkennen und sie deswegen auch so gut manipulieren. Trotzdem sind sie „kalt" gegenüber den Emotionen dieser Personen. Eine erhöhte Gefühlskälte kann ein Hinweis auf erhöhten Narzissmus sein.

Entschuldigungen

Man kennt es: In einem Streit sagt man etwas, das dein Gegenüber verletzt, oder man verhält sich anders, als man sollte. Danach ist es Zeit für eine Entschuldigung. Aber meinst du diese auch ernst? Spüre einmal genau in dich hinein und frage dich, ob du, wenn du dich entschuldigst, das auch so meinst. Narzisstische Menschen entschuldigen sich auch – aber mit einem Hintergedanken. Wenn sich ein Narzisst entschuldigt, dann meistens, indem er jegliche Schuld von sich abweist. „Es tut mir leid, dass ich mich dazu hinreißen lassen habe“, „Es tut mir leid, dass die Umstände so waren“, „Es tut mir leid, dass du das als Angriff wahrgenommen hast.“ – Solche oder ähnliche Sätze beinhalten keine „echte“ Entschuldigung, sondern verschieben die Verantwortung für das Geschehene auf den Empfänger der Entschuldigung.

Kritik

Narzissten sind nach außen hin sehr von sich selbst überzeugt, nach innen aber verletzlich. Entsprechend können Narzissten sehr schlecht Kritik aufnehmen. Wie reagierst du auf Kritik? Bringt dich Kritik dazu, über dich selbst nachzudenken? Bist du vielleicht sogar bereit, etwas zu verändern? Oder ziehst du dich stattdessen sofort zurück? Ein Ausweichverhalten bei Kritik oder im Gegenzug jemanden immer gleich zurück kritisieren zu müssen, können Zeichen von erhöhtem Narzissmus sein. Viele besonders destruktive Narzissten sind gar nicht bereit, irgendeine Form von Kritik aufzunehmen.

Verletzlichkeit

Wir alle sind verletzlich. Narzissten haben meistens in ihrer Vergangenheit besonders große Verletzlichkeit erlebt oder gespürt, weswegen sie diese überkompensieren, indem sie von ihrer eigenen Herrlichkeit und Unverletzbarkeit überzeugt sind. Sie können sich aber auch als besonders leidend wahrnehmen. Sich Immer nach außen makellos zu präsentieren, aber nach innen unsicher zu sein, ist ein Merkmal, das bei Narzissten besonders ausgeprägt ist.

Nähe

Kannst du Nähe anderer Personen zulassen – und bist du dir selbst nahe? Das sind zwei Fragen, die Narzissten meistens nur mit „nein" beantworten können. Jedenfalls dann, wenn sie es wahrheitsgetreu tun würden. Tatsächlich merkt man bei Narzissten häufig, dass sie nicht nur höchst misstrauisch in den Beziehungen mit anderen Menschen sind, sondern auch zu sich selbst wenig Nähe spüren. Ihr erhöhtes Selbstbewusstsein richtet sich auf das von ihnen erschaffene Bild von sich selbst. Zu ihrem verletzten, inneren Ich scheinen sie jedoch jeglichen Kontakt verloren zu haben. Deswegen fällt es ihnen auch so schwer, zu anderen echte Nähe aufzubauen.

Vielleicht hast du dir gerade diese fünf Abschnitte durchgelesen und festgestellt, dass einiges davon auf dich zutrifft. Das kann ein Zeichen für erhöhten Narzissmus sein – muss es aber nicht. Denn wir alle zeigen ab und an diese Verhaltensweisen. Niemand kann jedes einzelne Mal, wenn er kritisiert wird, sofort darüber reflektieren und Verhaltensänderungen vornehmen. Den wenigsten Menschen fällt es leicht, echte Nähe zuzulassen. Es gibt sogar viele Leute, die wenig Empathie empfinden, dennoch genauso wie andere Einfühlsamkeit und Hingabe zeigen können. Beim Narzissmus ist besonders, dass all diese normalen Charaktereigenschaften ins Extreme geführt werden. Ein Narzisst hat ganz bestimmte Verhaltensmuster, die er situationsunabhängig abspult.

Wenn du das Gefühl hast, dennoch zu viele dieser Tendenzen vorzuweisen, schaue dir noch mal die ICD-10

Merkmale an, die wir oben aufgelistet haben. Treffen diese Dinge auf dich zu? Dann hast du vielleicht narzisstische Verhaltenstendenzen.

Das ist kein endgültiges Urteil. Narzissmus als Charakterzug wird erst dann zum Problem, wenn man den Menschen in seiner Umgebung dadurch Leid und Schaden zuführt.

Im folgenden Kapitel wollen wir dem Ursprung des Narzissmus auf die Schliche gehen. Dazu schauen wir uns an, wie narzisstischer Missbrauch schon früh neuen Narzissmus entstehen lassen kann.

Ich stehe am Fenster und schaue fast schon sehnsüchtig hinaus. Ich würde ganz gerne wieder hinausgehen, und zwar vollkommen allein. Gerne treffe ich meine alten Freunde wieder und gerne unterhalte ich mich mit ihnen, aber ich würde gerne wieder allein hinausgehen können, ohne ein Ziel vor Augen zu haben. Aber meine Gedanken sind woanders.

Während ich sehnsüchtig durch das Fensterglas sehe, halte ich mein Handy in beiden Händen an meine Brust gedrückt. Es klingelt und vibriert beinahe im Minutentakt. Natürlich weiß ich, wer da versucht, mich zu erreichen, aber durch seine List habe ich mittlerweile hindurchgeschaut. Er will mich nicht zurück. Er will mich lediglich terrorisieren, mit dem Hintergedanken, dass ich ihn ja nicht vergesse.

Ich kenne seine Masche. Er will sich wieder zurück in mein Leben schleichen, aber nur, damit sich weiter alles um ihn dreht. Das habe ich verstanden und doch kann ich nichts machen. Ich bin wie eingefroren. Mein Körper will mir einfach nicht gehorchen.

Ich spüre die Vibration jeder einzelnen Nachricht und das Klingeln bei einem Anruf lässt mich die Augen zusammenkneifen, in der Hoffnung, dass er einfach irgendwann aufhört. Aber so ist es nicht. Er macht immer weiter. Mittlerweile weiß ich nicht mehr, wie lange ich hier nun stehe und der Sonne dabei zusehe, wie sie über den Himmel wandert, bereit, sich langsam wieder zu senken.

An diesem Gedanken versuche ich, mich festzuhalten. Seitdem ich von ihm weg bin, scheint die Sonne wieder mehr, sie ist wärmer und heller geworden.

Mein Handy klingelt ein weiteres Mal und als ich hinuntersehe, kann ich seine Nummer auf dem Display erkennen. Diese Nummer ruft so viele schreckliche Erinnerungen in mir hervor. Nein, es darf so nicht weitergehen.

Auch wenn es mir schwerfällt und auch wenn mir erneut die Tränen kommen, wie so oft in letzter Zeit, schaffe ich es, mein Handy zu entsperren. Aber ich nehme den Anruf nicht an, sondern drücke ihn weg und blockiere ihn.

Eine einzelne Träne fällt auf das Display, bevor ich mein Handy zur Seite lege und nach meiner dünnen Jacke greife.

Die Wurzeln des Narzissmus

PRÄGUNGEN ENTSTEHEN IN DER KINDHEIT: WIE ELTERN NARZISSTEN ERSCHAFFEN

Um besser zu verstehen, was einen Narzissten ausmacht und wie man am besten mit ihnen umzugehen hat, ist es sinnvoll, einen Blick darauf zu werfen, wie Narzissmus überhaupt entsteht. Bedenke bitte, dass ein Narzisst in erster Linie auch nur ein Mensch ist. Und wie dieser Mensch zu dem wurde, was er heute ist, kann man nicht nur durch den Charakter erklären. Narzissmus wird, wie die meisten anderen psychischen Störungen auch, oftmals ausgelöst und beeinflusst durch traumatische Erfahrungen in der Kindheit.

Das bedeutet nicht, dass der Narzisst für seine Verhaltensweisen entschuldigt werden soll; es kann aber helfen, zu verstehen, wie dieser Mensch zu dem wurde, was er ist.

Narzisstische Eltern: Wenn Eltern emotional missbrauchen

Eine der häufigsten Ursachen für später auftretenden Narzissmus ist, ein oder mehrere narzisstische Elternteile zu haben. Kinder von Eltern mit Narzissmus neigen dazu, im Nachhinein selbst ähnliche Tendenzen vorzuweisen oder im Gegenzug dazu in eine co-abhängige Beziehung zu fallen, die dieser ersten Bindung ähnlich ist. Der emotionale Missbrauch von narzisstischen Eltern formt das Selbstbild der Kinder und ist somit als Einfluss auf die spätere Entwicklung nicht zu unterschätzen. Aber fangen wir von vorne an.

Wie wirkt sich die elterliche Störung auf die Beziehung zu dem Kind aus? Natürlich ist es einfach zu behaupten, Narzissten würden ihre Kinder emotional misshandeln. Auch hier ist es aber wichtig, zu verstehen, warum das so sein kann – nur so kann man nachzuvollziehen, welche Beziehungsmuster daraus hervortreten. Narzissten suchen nach Bestätigung. Sie haben häufig einen sehr geringen Selbstwert und sind der Meinung, dass sie ihre eigene Wirkung auf jemanden anderen kontrollieren müssen. Dies tun sie normalerweise, indem sie sich selbst heraufsetzen. Auf die Beziehung zu einem Kind hat dies aber zwei wesentliche Auswirkungen.

Zum einen wird das Kind oftmals als Erweiterung des eigenen Selbst wahrgenommen. Deswegen ist den narzisstischen Eltern besonders wichtig, das Kind und die Wirkung des Kindes nach außen zu kontrollieren. Es wird dadurch instrumentalisiert, oftmals harsch herabgewürdigt und ohne Empathie behandelt. Die fehlende Empathie ist auch oft Grund dafür, dass narzisstische Eltern schon früh Wünsche und Bedürfnisse ihres Kindes herabwürdigen, nicht ernst nehmen und schon gar nicht erfüllen. Das Kind lernt damit schon zu Beginn seines Lebens, dass es nur dann Liebe und Aufmerksamkeit bekommt, wenn es nach den Regeln des Elternteils spielt.

Zum anderen wird das Kind mit dem eigenen Wachstum immer weniger kontrollierbar. Oftmals äußert sich diese Veränderung darin, dass narzisstische Eltern geradezu besessen von dem eigenen Kind werden, es in Abhängigkeiten verwickeln und mit Schuldgefühlen arbeiten, um das Kind unter der eigenen Kontrolle zu halten. Das Kind wird dadurch weiterhin genutzt, um die eigenen narzisstischen Bedürfnisse zu befriedigen. Darüber hinaus wird es auch benutzt, indem an seine Gefühle und Sehnsüchte appelliert wird, um es fest in der co-abhängigen Beziehung zu halten.

Die meisten Beziehungen zwischen narzisstischen Eltern und ihren Kindern folgen einem ähnlichen Muster. Natürlich gibt es Ausnahmen, aber trotzdem spiegeln sich ähnliche Verhaltensweisen in verschiedenen Beziehungen.

Mangel an Zuwendung und emotionaler Fürsorge

In vielen Familien entstehen für einzelne Mitglieder unterschiedliche Rollendynamiken. Ein narzisstischer Elternteil muss nicht mit jedem Kind genau gleich umgehen. Stattdessen passiert es nur allzu häufig, dass den Kindern im Vorhinein von dem narzisstischen Elternteil eine Rolle zugeteilt wird, die sie nun ausfüllen müssen. Es ist für das Kind meistens unmöglich, aus dieser Rolle hinauszukommen, gleichwohl sich die

Rollenverteilung über die Lebensjahre hinweg verändern kann. Dies ist aber dann meist durch den Eingriff des Elternteils bedingt.

Meistens findet man, dass es ein (oder mehrere) Kinder gibt, die überidealisiert werden, und eines (oder mehrere), die im Gegenzug immer alles falsch machen. Diese Kinder haben besonders unter verschiedensten Manipulationstechniken zu leiden, die der narzisstische Elternteil an ihnen anwendet. Für beide Kinder hat es allerdings schwere Folgen, so in der eigenen Rolle und Beziehung manipuliert zu werden.

Das emotional missbrauchte Kind ist meistens das Kind, das dem Narzissten als besonders anstrengend erscheint. Schon sehr früh wird dem Kind die Rolle des Störenfrieds zugeteilt und da kann es nicht alleine wieder hinauskommen. Narzisstische Elternteile projizieren ihre eigenen negativen Eigenschaften auf dieses Kind und bestrafen es im gleichen Zug dafür, diese zu verkörpern. Damit wenden die Eltern nicht nur alles Negative von sich ab, sondern kontrollieren es auch über das Kind.

Der psychologische Missbrauch fängt schon da an, wo das narzisstische Elternteil dem Kind zu wenig Liebe gibt. Die stärksten Formen erreicht er allerdings dann, wenn sich stattdessen an der Qual des Kindes erfreut wird. Der Begriff „emotionaler Vampir" ist hier sehr treffend gewählt. Einige narzisstische Elternteile quälen ihr Kind, indem sie ihm bewusst kränkende Dinge sagen, sich hämisch über dessen Verletzungen lustig machen und letztendlich keinerlei Mitgefühl für die daraus resultierende Pein des Kindes haben. Nicht nur ist dies eine grässliche Attacke auf die emotionale

Sicherheit des Kindes, sondern es lässt das Kind außerdem lernen, dass es selbst wertlos ist.

Im Gegenzug dazu stellt sich der Narzisst gerne in den Mittelpunkt dieses Theaters. Ob es nun sei, dass er besonders viel darunter leide, dass das eigene Kind so schwierig sei, oder er geradezu andere auffordert, mit über das Kind zu lachen – er findet einen Weg, dem Kind alle Aufmerksamkeit zu entziehen und sie stattdessen auf sich selbst zu wenden.

Eine besonders gemeine Art der Manipulation ist das sogenannte „Gaslighting". Wir werden später noch mal genauer auf diese Manipulationstaktik eingehen, die auch häufig in Beziehungen ihre Anwendungen findet. Hier untermauern die Narzissten bewusst die Wahrnehmung des Kindes durch das Verteilen von falschen Informationen, das Abstreiten von geschehenen Situationen und die ständige Schuldzuweisung auf das Kind. Das hat oft zur Folge, dass das Kind im Gegenzug gar nicht mehr auf seine eigene Intuition vertraut und den Missbrauch nicht mehr als solchen erkennt. Stattdessen geht es davon aus, dass die Realität, die das narzisstische Elternteil schildert, die Wahrheit sei und es selbst einem Trugschluss unterliege. Narzisstische Elternteile tun dies zum Beispiel, indem sie behaupten, Zuwendungen und Gefallen des Kindes nicht erhalten zu haben oder sie würden bestimmte, meist schlechte, Dinge von ihm denken.

Damit dieser Missbrauch nicht entdeckt wird, ist es nicht selten, dass narzisstische Elternteile diese Wahrnehmung auch bei anderen Leuten streuen. Das passiert zum Beispiel, indem sie wiederholt behaupten, ihr Kind sei schwierig. Sie können auch spezielle Situationen schon anders schildern, bevor das

Kind es mitkriegt. Wendet sich das Kind dann an jemanden um Hilfe, so ist dieser bereits mit der vorgefertigten Perspektive, dass das Kind Geschichten erzählt, gefüttert worden und eher abgeneigt, es ernst zu nehmen.

Diese höchst perfide Art, die Glaubwürdigkeit des Kindes infrage zu stellen, äußert sich selbstverständlich auch später für das betroffene Kind. Wer früh lernt, dass seine eigene Meinung nichts wert ist und immer Schuldgefühle eingeredet bekommt, der ist anfällig dafür, auch in anderen Beziehungen nicht zu erkennen, wenn er oder sie manipuliert wird. Damit schafft das narzisstische Elternteil die Grundlage für ein ganzes Leben, in dem die eigene Selbstliebe erlernt werden muss.

Das überidealisierte Kind

Das Gegenstück dazu bildet das überidealisierte Kind. Wie schon zuvor erwähnt, kommt es vor, dass ein narzisstischer Elternteil ein Kind im übersteigerten Maße idealisiert und seine Schwächen in ungesundem Maß herunterspielt. Was im ersten Moment nicht nach psychologischem Missbrauch klingt, kann dem allerdings in seinen Auswirkungen vielmals gleichen.

Zunächst einmal ist es wichtig festzuhalten, dass ein Kind nicht überidealisiert wird oder verhätschelt wird, wenn es in den ersten Lebensjahren besonders viel Aufmerksamkeit bekommt. Ein kleines Baby braucht diese Aufmerksamkeit und Liebe, um eine gesunde Beziehung zu sich selbst und dem Elternteil zu erlangen. Eine Überidealisierung und „Verhätschelung" des Kindes findet dann statt, wenn das Kind in den Folgejahren so sehr umworben wird, dass es nicht dazu in der Lage ist, normale Gefühlszustände zu erleben.

Wenn ein (narzisstischer) Elternteil sein Kind überbemuttert, dann geschieht dies meist, indem die eigenen Gefühle des Elternteils auf das Kind projiziert werden. Im Gegensatz zu einer gesunden Bemutterung des Kindes, die die Wahrnehmung und eine Reaktion auf die Gefühle des Kindes beinhaltet, wird bei solch einer Beziehung das Kind derart in eine bestimmte Rolle gedrängt, dass es sich selbst nicht mehr auszudrücken vermag. Dadurch entsteht schon eine frühe Losgelöstheit der Wahrnehmung von den Gefühlen des Kindes.

Eine narzisstische Persönlichkeitsstörung kann in beiden Fällen eine Folge sein. Wenn das Kind ignoriert wird und das Gefühl bekommt, keine Kontrolle zu haben, kann es eine Art andere Wirklichkeit konstruieren, in der es dieses Gefühl ausgleicht. Umgekehrt erhält das Kind aber auch zu wenig Aufmerksamkeit, wenn alles Negative von ihm abgewendet wird. Eine überhöhte empfundene Brillanz des Kindes beinhaltet, dass Ängste, Schwächen und andere Bedürfnisse des Kindes von dem Elternteil nicht wahrgenommen oder anerkannt werden. Bei dem Kind entsteht dadurch der Eindruck, dass die eigene Wahrnehmung falsch ist, oder die Angst, diese projizierten brillanten Eigenschaften nicht erfüllen zu können. Das heißt, obwohl es so aussieht, als würde das Kind überbehütet werden, wird es im Prinzip genauso emotional vernachlässigt wie das „eindeutig" vernachlässigte Kind.

Die Folgen

Was sich letztlich daraus für das Kind ergibt, ist, dass es zu wenig Aufmerksamkeit bekommt. Dies spiegelt sich folglich darin wider, dass es sich in eine überidealisierte Form von sich selbst flüchtet. Kinder, die emotional missbraucht wurden, behalten diese Form des Ichs auch oftmals bis ins Erwachsenenalter bei. Im Narzissmus äußert sich das darin, dass ihnen sehr daran gelegen ist, auch von anderen als diese wundervolle Person wahrgenommen zu werden. Der Kern ist schließlich, dass die Person alles daransetzt, die Aufmerksamkeit zu bekommen, die es früher nicht erfahren hat. Wie bereits erwähnt, muss das nicht für alle Kinder gelten, denn häufig geraten besonders die „schlechten" Kinder auch wieder in die Rolle des Sündenbockes.

Wir haben in diesem Abschnitt vor allem über den emotionalen Missbrauch von narzisstischen Eltern gesprochen. Natürlich ist es aber genauso möglich, dass das Kind von teils „gesunden" oder von anderen Störungen betroffenen Elternteilen in dieser Art und Weise ausgenutzt wird. Der Anteil solcher Fälle ist besonders bei Persönlichkeitsstörungen der Elternteile erhöht. Die Prinzipien sind allerdings immer ähnlich: Das Kind erhält nicht die Aufmerksamkeit, die es bräuchte – und das ist liebevolle, wohlgemeinte Aufmerksamkeit, die sich auf seine Bedürfnisse einstellt.

GESELLSCHAFTLICHE FAKTOREN

Natürlich kann man nicht die Kindheit als einzigen Auslöser für Narzissmus sehen. Neben diesen meist sehr traumatischen Erfahrungen gibt es unzählige weitere Einflussfaktoren, damit jemand narzisstische Verhaltensmuster zeigt. Oftmals sorgen auch andere Dinge in unserer Umgebung dafür, dass wir „ein bisschen narzisstisch" werden, auch ohne jemals eine komplette Störung zu entwickeln.

In einer Gesellschaft, in der es vorrangig um Leistung geht, ist es nicht verwunderlich, wenn Menschen entsprechend versuchen, leistungsorientierter zu handeln. Gerade durch Social Media und die Möglichkeit, die wir dadurch bekommen, ein Bild von uns selbst zu erschaffen, das nicht unbedingt der Wahrheit entspricht, haben wir ganz andere Möglichkeiten, unseren Narzissmus auszuleben.

Oftmals wird den Social Media-Plattformen vorgeworfen, Narzissmus entstehen zu lassen. Tatsächlich ist es so, dass diese es eher erleichtern, Narzissmus auszuleben. Aber gerade bei jungen Nutzern kann so etwas natürlich leicht ausgenutzt werden. Das Gefühl zu haben, von Menschen auf bestimmte Art und Weise wahrgenommen werden zu müssen und eine möglichst große Zahl von Abonnenten (und somit Aufmerksamkeit) zu bekommen, wird mittlerweile früh in unserer Gesellschaft indoktriniert. Damit steigt nicht zwangsläufig die Anzahl an narzisstischen Menschen, aber es ist möglich, dass narzisstische Züge dadurch gefüttert werden.

Wer erfährt, dass seine eigene Selbstdarstellung besser ankommt als die Person, die man wirklich ist, der wird sich gerne weiterhin an der Aufmerksamkeit genießen, die er über dieses Medium zur Verfügung gestellt bekommt. In bestimmten Berufsgruppen ist es dann auch noch besonders wichtig, einen gewissen Eindruck zu erzeugen – zum Beispiel bei Anwälten, Politikern, etc. Diese Faktoren können dazu führen, dass ein narzisstisches Selbstbild gefördert wird und sich die Selbstwahrnehmung verändert. Aber auch Beziehungen, die dieses Selbstbild fördern, tragen letztendlich dazu bei, dass ein

Narzisst entsteht.

Es ist nicht einfach, den „Ursprung" des Narzissmus zu bestimmen. Stattdessen ist es sinnvoller, dahin zu schauen, welche Bedürfnisse der Narzisst versucht, über seine narzisstischen Verhaltensweisen zu befriedigen. Ob er sich diese Befriedigung letztendlich holt, weil sein letztes Selfie 20.000 Likes bekommen hat, oder weil er auf der Arbeit besonders viel Eindruck mit seinen teuren Klamotten macht, ist eigentlich eher nebensächlich.

Wir sollten aber nicht wegdiskutieren, dass Social Media gerade bei jungen Menschen den Eindruck erzeugen kann, dass sie nichts sind, wenn sie nicht ein bestimmtes Bild von sich zeichnen. Deswegen ist es gerade bei diesen von Bedeutung, Medienkompetenz zu fördern, um Narzissmus im Netz zu entdecken und ihm nicht zu verfallen.

Schon lange war ich nicht mehr in einem Café. Dabei habe ich es immer geliebt Zeit in einem Café zu verbringen und zu lesen. Dieser Gedanke wird von dem Kellner unterbrochen, der unsere Bestellung aufnehmen möchte.

Nun, da wir getrennt sind, habe ich endlich wieder den Kontakt mit meiner Familie und mit alten Freunden aufgenommen. So trifft es sich auch, dass meine Mutter mich heute in unser Lieblingscafé eingeladen hat, in dem wir früher bestimmt einmal in der Woche waren. Diese Zeiten habe ich vermisst, wie mir immer schmerzlicher bewusst wird.

Der Tag ist wunderschön, die Sonne steht hoch am Himmel und keine einzige Wolke verdeckt das fast schon malerische Blau. Tatsächlich schleicht sich auch ein Lächeln auf meine Lippen. Es war ehrlich und damit das erste Mal seit einer sehr langen Zeit, dass ich ehrlich lächle.

Das fällt auch meiner Mutter auf: „Ich habe dich schon lange nicht mehr so glücklich gesehen", sagt sie zu mir, als wir beide unsere Tassen vor uns stehen haben.

Ich nicke leicht. Ich erkläre meiner Mutter allerdings auch, dass ich ohne meinen Ex-Freund zwar glücklicher bin, aber dass ich immer noch denke, dass ich ihn liebe. Mein Herz schmerzt einfach jedes Mal, wenn ich an ihn denke.

Vielleicht kann sie mir dabei helfen, denn mittlerweile glaube ich nicht mehr, dass ich es allein durch diese Situation schaffe, und auf meine Mutter kann ich mich schließlich immer verlassen, auch wenn sie nicht ganz versteht, warum ich mich überhaupt auf so einen Mann eingelassen habe.

Aber die Antwort darauf ist sehr einfach. Er hat mir die gesamte Welt versprochen, er wollte mir den Himmel hinunterholen und ihn vor meine Füße legen. Zumindest waren das seine Worte am Anfang unserer Beziehung und mittlerweile schäme ich mich dafür, weil ich durch seine Lügen und seine Masche nicht hindurchsehen konnte.

„Versuch ihn einfach zu vergessen. Du wirst jemand Besseren als ihn finden, bei dem du ganz du selbst sein kannst", sagt sie und ich bete dafür, dass es irgendwann wirklich so ist, denn momentan bin ich davon leider noch weit entfernt.

Unter der Lupe – Narzissmus in der Tiefe verstehen

Auch wenn wir jetzt schon einen Überblick darüber haben, was Narzissmus ist und wie er entsteht, ist es sehr wichtig, sich noch mal damit auseinanderzusetzen, woran man einen Narzissten erkennt. Oftmals offenbart sich Narzissmus erst in der Tiefe einer Beziehung und nicht direkt, wenn man eine Person kennenlernt. Da Narzissmus klassischerweise damit verbunden ist, nach außen ein anderes Bild zu präsentieren, als tatsächlich vorhanden ist, schaffen es Narzissten immer wieder, ihre Umgebung zu täuschen. In diesem Kapitel werfen wir daher einen genaueren Blick auf narzisstische Verhaltensweisen und wie man diese erkennen kann.

TYPISCHE VERHALTENSWEISEN & MERKMALE

Die meisten Verhaltensweisen von Narzissten sind darauf ausgerichtet, Anerkennung, Aufmerksamkeit und Kontrolle zu erlangen. Das kann sich auf verschiedenste Art und Weise äußern.

Ob in einer Führungsposition, als FreundIn oder als Partner in einer Beziehung, Narzissten verhalten sich meistens sehr egoistisch. Da ihre ganze eigene Aufmerksamkeit auf sich selbst gerichtet ist und es ihnen oft an Empathie mangelt, um die Konsequenzen ihrer Handlungen für andere in Betracht zu ziehen, verhalten sie sich stets so, wie es zu ihrem Besten ist. Man kann es sich in etwa so vorstellen: Wenn ein großes Unglück entsteht, wie zum Beispiel eine Naturkatastrophe, fragen sich die meisten Menschen, ob es den Betroffenen gut geht. Der Narzisst hingegen fragt sich als allererstes: Habe ich persönlich irgendeine Konsequenz davon zu tragen? Wenn überhaupt, gilt ihm das Interesse an den anderen erst in einem Nachsatz. Die meiste Zeit sind Narzissten allerdings sehr achtlos gegenüber anderen Menschen, es sei denn, es trägt Vorteile für sie selbst, wenn sie es nicht sind.

Einem echten Narzissten geht es die ganze Zeit um sich selbst. Deswegen braucht er auch Anerkennung und Aufmerksamkeit für alles, was er tut. Wie bereits erwähnt, kann das darin resultieren, dass er besonders ehrgeizig ist, wenn er denkt, dass er dadurch das entsprechende Lob bekommt. Es kann sich allerdings auch darin äußern, dass er absichtlich lügt, um an seine Ziele zu kommen oder Menschen auf seine Seite zu ziehen. Lügen ist eine sehr typische Verhaltensweise für Narzissten. Sie lügen, um zu bekommen, was sie wollen, um den Eindruck von sich selbst zu erzeugen, den sie möchten, und wenn sie für etwas kritisiert werden.

Kritikunfähigkeit ist ein weiteres Hauptmerkmal von Narzissten. Egal wie unbedeutend oder oberflächlich die Kritik ist, sie wird meist sofort abgewiesen und auf einen Umstand oder eine andere Person geschoben. Es ist immer jemand anderes schuld, nur nicht der Narzisst selbst. Diese Kritikunfähigkeit mündet letztendlich oft darin, dass der Narzisst Wahrheiten verdreht, Dinge anders darstellt und weiter Lügen verbreitet, um sein Selbstbild unangreifbar zu machen.

Das bedeutet nicht, dass der Narzisst nicht anfällig gegenüber seelischen Verletzungen ist. Er kann sogar sehr verletzlich sein, da er sich auch sehr leicht angegriffen fühlt. Deswegen versucht er, die Verletzlichkeit gleich im Vorhinein im Kern zu ersticken. Narzissten vertrauen daher nicht häufig – Vertrauen ist etwas, das einen angreifbar macht und das versuchen sie zu verhindern. Das fehlende Vertrauen äußert sich wiederum in einer erhöhten Kontrolle, besonders in partnerschaftlichen Beziehungen.

Häufig hat man das Bild eines überaus durchgestylten Menschen im Kopf, wenn man von einem Narzissten redet. Aber nicht nur das Wertlegen auf das Äußere zeigt die übersteigerte Selbstliebe des Narzissten. Er redet auch gerne und viel über sich. Wenn dazu auch noch die Unfähigkeit kommt, auch andere zu Wort kommen zu lassen oder ihnen zuzuhören, sollte man schon aufmerksamer werden.

Die Selbstdarstellung des Narzissten ist alles; manchmal geht es nicht mal darum, sich als den Besten zu präsentieren, aber wenigstens darum, dass die Selbstpräsentation der eigenen Kontrolle unterliegt. Die Wahrnehmung der anderen ist falsch, die des Narzissten ist echt. Er kann sich sogar dafür rühmen, etwas besonders schlecht gemacht zu haben, meistens mit der Bemerkung, dass es absichtlich so gewesen wäre, weil ihm die Sache nichts bedeuten würde. Genauso kann er aber auch von seinem eigenen unglaublichen Leidensweg klagen. Der Punkt ist, dass, egal um welche Charaktereigenschaft es geht, der Narzisst in dieser *besonders* ist. Ihm ist wichtig, hervorzustechen, anders zu sein, besonders zu sein – all das kann ein Ausdruck seiner Sucht nach Aufmerksamkeit sein.

Oftmals merken wir, wenn wir einem Narzissten begegnen, dass wir ihm schmeicheln müssen, um Konfrontation zu vermeiden. Das kann eine Kleinigkeit sein, wie ein Kompliment zurückzugeben, aber auch etwas Größeres wie eine überdauernde Bestätigung seiner oder ihrer Großartigkeit. Um sein verletztes Ich auszugleichen, brauchen die meisten Narzissten diese Bestätigung und die entsprechende Aufmerksamkeit.

Obwohl alle diese Merkmale wichtig sind, gibt es oftmals einzelne Unterschiede zwischen Narzissmus-Typen. Einige sind vulnerabler als andere, manche präsentieren sich selbst stärker und andere ziehen sich eher zurück. Der klassische Facebook-Narzisst ist vielleicht ein anderer als der verdeckte Narzisst, der seine Beziehung manipuliert. Man unterscheidet zwischen verschiedenen Typen von Narzissmus. Diese Typen schauen wir uns im Folgenden etwas genauer an.

MÄNNLICHER & WEIBLICHER NARZISSMUS

Oftmals wird gerne von männlichem oder weiblichem Narzissmus gesprochen. Einige Menschen behaupten, dass sich der männliche und der weibliche Narzissmus unterschiedlich äußern würde und somit grundsätzlich verschieden wäre. Was dabei häufig vernachlässigt wird, ist, dass Narzissmus nicht die einzige Störung ist, die aus einem verletzten Selbstbild resultieren kann. Wenn man von männlichem oder weiblichem Narzissmus spricht, sollte man sich daher immer bewusst sein, dass diese geläufige Unterscheidung stark von dem Einfluss anderer vorliegenden Störungen verzerrt ist.

Echter Narzissmus unterscheidet sich zwischen Männern und Frauen allenfalls durch den Anteil von physischem im Vergleich zu psychischem Missbrauch. Männer neigen dazu, häufiger gewalttätig zu werden. Das Ausmaß des Missbrauchs ist dadurch allerdings nicht geringer, wenn er durch Frauen stattfindet. Weibliche Narzissten neigen lediglich dazu, mehr emotionalen Missbrauch zu betreiben.

Das Streben nach Aufmerksamkeit ist sowohl bei Männern als auch bei Frauen mit einer narzisstischen Persönlichkeitsstörung vorherrschend. Entsprechend versuchen beide Geschlechter, diese Aufmerksamkeit zu bekommen. Ihre Mittel und Wege sind häufig dieselben, auch Manipulation ist nicht seltener bei Frauen mit Narzissmus als bei Männern. Die geläufige Unterscheidung zwischen männlichem und weiblichem Narzissmus ist wahrscheinlich eher bedingt durch eine Verzerrung durch die Diagnostiker oder dem Vorliegen einer begleitenden Störung, die ebenfalls ein verletztes Selbst beinhaltet. Man sollte also sehr vorsichtig sein, wenn man diese Begriffe verwendet.

Durch den gesellschaftlich bedingten Unterschied der sozialen Stellung von Mann und Frau ist es natürlich trotzdem möglich, dass sie unterschiedliche Fokusse auf bestimmte Aspekte ihres Selbst legen. So ist es zum Beispiel häufiger, dass Frauen ihr Aussehen in den Vordergrund stellen, während es für Männer gesellschaftlich einfacher ist, in Führungspositionen Macht auszuleben und zu demonstrieren. Diese Unterschiede haben letztendlich nichts mit der Störung an sich zu tun, sondern mit dem Umfeld der Menschen. Ein weiblicher Narzisst kann, wie auch ein männlicher, genauso selbstverliebt, manipulativ und kontrollsüchtig sein. Viel bedeutender als der Geschlechterunterschied sind letztlich die verschiedenen Arten von Narzissmus, die es bei beiden Geschlechtern zu unterscheiden gibt.

ARTEN VON NARZISSMUS

Typischer Narzissmus

Unter typischem Narzissmus versteht man im Allgemeinen genau die Symptome, die wir bis jetzt angeführt haben. Neben diesem klassischen Narzissmus, der sich in sehr leichter bis sehr starker Ausprägung zeigen kann, gibt es weitere Arten von Narzissmus, die besondere Aufmerksamkeit erfordern. Diese werden wir uns hier einmal etwas genauer anschauen.

Maligner Narzissmus

Das Wort Malignität kommt aus dem lateinischen und wird in der Medizin verwendet, um die Bösartigkeit einer Krankheit, wie zum Beispiel eines Tumors, zu beschreiben. Maligner Narzissmus bedeutet dementsprechend eine bis zur Boshaftigkeit übersteigerte Form von Narzissmus, die mit antisozialen Verhaltensweisen und Aggressivität einhergeht.

Der maligne Narzisst ist ein Despot in seiner eigenen Welt. All die schädlichen Charakteristika eines „üblichen" Narzissten sind bei ihm bis in die Extreme gesteigert. Sein Neid ist so schadhaft, dass er anderen missgönnt bis zu dem Punkt, dass er ihnen Schaden zufügt. Aus Angst vor Verlust seines eigenen Platzes sticht er Konkurrenten früh aus. Er misstraut den Menschen in seiner Umgebung völlig und muss um jeden Preis seine Macht ausleben.

Den Menschen mit malignem Narzissmus fehlt der Bezug zur Realität. Sie sind derart von ihrem eigenen Größenwahn eingenommen, dass sie die Existenz einer objektiven Wahrheit nicht mehr anerkennen – oder davon ausgehen, dass ihre eigene Wahrheit objektiv ist. Lügen und Intrigen stehen an der

Tagesordnung, ohne zu bedenken, dass dieses Verhalten schadhaft für andere ist. Wenn wir von malignem Narzissmus sprechen, dann ist dies der Narzissmus, der sich bei Diktatoren, Personen mit hohem Machtanspruch, äußert. Aber auch in kleineren Gruppen kann ein maligner Narzisst versuchen, seinen Herrschaftsanspruch durchzusetzen. Ein ausgeprägtes und uneingeschränktes Dominanzverhalten in einer Partnerschaft oder der Familie kann ebenfalls ein Zeichen von malignem Narzissmus sein.

Altruistischer Narzissmus

Als Altruismus bezeichnet man Hilfeverhalten, das scheinbar keine erkennbare direkte Gegenleistung hervorbringt. Altruismus steht somit in Verbindung mit Selbstlosigkeit und erscheint daher ziemlich widersprüchlich zu unserer Definition eines Narzissten.

Altruistisches Verhalten ist nicht mit Altruismus gleichzusetzen. Altruismus bedeutet, eine hilfreiche Tätigkeit auszuüben, da diese allein die Erfüllung für die Person bedeutet.

Scheinbar altruistisches Verhalten kann jedoch auch mit ganz anderen Zielen durchgeführt werden.

Hier kommt der Narzisst ins Spiel. Wie wir nun wissen, ist es das Ziel der Menschen mit narzisstischer Persönlichkeitsstörung, Anerkennung, Bewunderung und Aufmerksamkeit zu erlangen. Ein Narzisst kann sich hinter altruistischem Verhalten verstecken, weil er sich erhofft, durch seinen scheinbaren Altruismus Anerkennung zu erlangen.

Es ist nicht unbedingt einfach, einen als Altruisten

getarnten Narzissten zu erkennen. Immerhin erscheint sein Verhalten selbstlos und uneigennützig. Häufig wird er als Ideal angesehen und geradezu angehimmelt für seine Selbstlosigkeit. Da der altruistische Narzisst nicht zwangsläufig eine Gegenleistung erfordert, zeigt sich seine narzisstische Natur letztendlich anders: Für die vollbrachte Selbstlosigkeit fordert er im Gegenzug Bewunderung und Lob ein. Wenn er dies nicht von selbst erhält, erinnert er die Leute gerne daran, was er schon alles Großartiges getan hat. Dies kann sehr subtil erfolgen. Wenn nicht oft genug oder lange genug Danksagungen erhalten werden, kann er diese unter Umständen sogar direkt einfordern. Gute Leistungen anderer Menschen werden von ihm hingegen subtil abgewertet.

Altruistischer Narzissmus lockt Menschen leicht in die verführerische Umgebung dieses Menschen. Sein Kontrollanspruch offenbart sich jedoch spätestens, wenn ihm die seiner Meinung nach zustehende Bewunderung nicht entgegenkommt oder er auch mal kritisiert wird. Man sollte sich daher nicht zu leicht von solchen scheinbar altruistischen Menschen blenden lassen, wenn einem auf anderer Ebene Ungereimtheiten auffallen.

Verdeckter Narzissmus

Altruistischer Narzissmus ist somit letztlich eine Form von verdecktem Narzissmus. Dieser ist ebenso häufig recht schwer zu erkennen. Im Gegensatz zu den „typischen" Narzissten sind die verdeckten Narzissten nicht so häufig im Vordergrund. Der verdeckte Narzisst versteckt sich wie der altruistische hinter scheinbar gut gemeinten Taten. Er kann zum Teil sogar schüchtern wirken und sich zurückziehen. Über die ihm nicht zugeteilte Anerkennung ist er jedoch sehr wütend und kann sich darüber aufregen.

Eine weitere Form, wie sich verdeckter Narzissmus äußert, ist das „Stehlen" einer Persönlichkeit. Solche Leute ahmen unter Umständen gerne andere, berühmte Persönlichkeiten nach, indem sie sich ihren Stil oder sogar ihre Sprechweise zulegen. Verdeckte Narzissten sind zudem häufig am Lügen und Intrigieren – jedoch wesentlich subtiler als die typischen Narzissten. Tatsächlich zeigt sich das oft auch darin, dass der verdeckte Narzisst keinen Alleinanspruch auf die richtige Meinung hat, sondern stattdessen je nach eigenem Vorteil einer Idee zustimmt oder diese ablehnt. Er hat keine feste Meinung zu einem Thema, sondern spiegelt immer die wider, die gerade von der Person kommt, von der er sich einen Vorteil verschafft.

Auch mit dieser Art von Narzissmus ist es in einer partnerschaftlichen Beziehung sehr schwierig. Gerade weil der Narzissmus verdeckt auftritt, kann man ihn nicht einfach „beweisen". Die Grundstrukturen des Narzissmus sind aber auch hier erkenntlich.

NARZISSTISCHES VERLANGEN: KONTROLLE, ANERKENNUNG & MACHT

Wodurch erlangt ein Narzisst die Kontrolle, Macht und Anerkennung, nach der er sich so sehnt? Die Antwort darauf ist ebenso einfach wie besorgniserregend: durch Beziehungen.

Narzissten sind in ihrer eigenen Selbstwahrnehmung gestört. Ihre Überheblichkeit rührt aus einem verletztem Selbst, einem Selbst, das Angst davor hat, zu versagen und unwichtig zu sein. Die Überkompensation der Narzissten sorgt dafür, dass sie versuchen, dieses Gefühl der Unzulänglichkeit umzuwandeln. Um sich selbst als so machtvoll wahrzunehmen, wie ihre Vorstellung es ihnen sagt, manipulieren sie andere Menschen. Die Kontrolle und Manipulation der Menschen in ihrer Umgebung dienen nicht immer nur dazu, ein reales, materielles Ziel zu erreichen. Vielmehr erreicht der Narzisst durch die Kontrolle eines anderen Menschen eine Befriedigung des Kontrollbedürfnisses. Beziehungen, seien sie familiär, freundschaftlich oder partnerschaftlich, sind insofern wichtige Kraftquellen für Narzissten.

Es ist wichtig, sich bewusst zu machen, dass das Machtspiel allein Befriedigung für einen Menschen mit narzisstischer Persönlichkeit ist. Macht und Kontrolle werden dadurch erreicht, dass Zuwendungen gezielt und manipulativ eingesetzt und Partner und Familienmitglieder verletzt und gekränkt werden, wenn sie nicht der eigenen Vorstellung entsprechen. Damit ändert sich zwar nichts an der Position des Narzissten, aber er erreicht dadurch das Erlebnis, die Welt kontrollieren zu können. Diese scheinbare Kontrolle beruhigt ihn und bestätigt ihn in seiner eigenen Wahrnehmung.

Da die meiste Zeit Narzissmus mit einem übersteigertem Selbstempfinden einhergeht, ist es nicht verwunderlich, dass der Narzisst dies bestätigen muss. Hier kann man auch einen wesentlichen Unterschied zwischen Narzissmus und echtem Selbstbewusstsein feststellen: Wer wirklich selbstbewusst ist, der braucht nicht immer wieder die Bestätigung anderer Menschen. Vielmehr kommt dieses Selbstbewusstsein aus einer

Auseinandersetzung mit sich selbst. Narzissten schieben ihre schlechten oder scheinbar fehlerhaften Charaktereigenschaften beiseite, um ein perfektes Selbstbild von sich zu erschaffen. Natürlich ist dies unrealistisch, weswegen sie die konstante Bestätigung anderer Menschen dafür brauchen.

Oftmals ist so eine Manipulation nicht leicht zu erkennen. Ein Mensch mit narzisstischer Persönlichkeit läuft kaum herum und erzählt allen, dass er oder sie Macht über andere Personen haben möchte. Das Machtbedürfnis des Narzissten zeigt sich darin, wie er Kontrolle über die Emotionen anderer Menschen erzielt. Es geht nicht immer darum, den Partner zu einer Handlung zu bringen oder ein bestimmtes Verhalten zu erwirken. Tatsächlich geht es vielmehr darum, die eigene Zuneigung, Anerkennung und Zuwendung so stark zu beschränken und an Bedingungen zu knüpfen, dass der Narzisst die volle Kontrolle über das Emotionsleben seiner Beziehungspartner hat.

In Beziehungen mit Narzissten, seien sie familiär oder partnerschaftlich, zeigt sich dieses Kontrollverlangen nicht immer die ganze Zeit über. Vielmehr wird die Kontrolle darüber erreicht zu jedem Zeitpunkt dazu in der Lage zu sein, diese einzusetzen. Dieses Verhalten ist verständlicherweise schwer zu erkennen. Gerade dann, wenn jemand immer wieder charmant, freundlich, verständnisvoll oder gar reumütig sein kann, verzerrt es einem häufig den Blick darauf, dass dies ein Teil der narzisstischen Kontrolle ist. Liebe zu geben, genauso wie man sie nehmen kann, ist aber letztendlich die höchste Form von Kontrolle, die man erreichen kann. Im Gegenzug lassen sich Narzissten häufig nicht auf echte vertrauensvolle

Beziehungen ein, da sie fürchten, dadurch ihre Kontrolle zu verlieren.

Ein Hinweis auf eine narzisstische Beziehung ist daher, dass Liebe immer an Bedingungen gebunden ist und Strafe nicht etwa durch ehrliche Auseinandersetzung, sondern durch Liebesentzug erteilt wird.

AGGRESSION UND DESTRUKTIVITÄT ALS SYMPTOM

Aggression und Destruktivität kann sich auf unterschiedliche Art und Weise in der Beziehung mit einem Narzissten äußern. Nicht immer muss die Aggression direkt gezeigt werden und nicht immer ist sie als solche erkennbar.

Um die Aggression als solche zu erkennen und zu identifizieren, müssen wir uns als Erstes fragen, warum Narzissten im Alltag überhaupt aggressiv sind. Wie wir bereits gesehen haben, entsteht Narzissmus häufig durch eine frühe Vernachlässigung der betroffenen Person. Das Kind hat zu wenig Liebe und zu wenig Aufmerksamkeit erhalten und sich zum eigenen Schutz ein Selbstbild erschaffen, das meistens fehlerlos ist. Ganz gleich wie das Selbstbild des Narzissten allerdings aussieht, es gilt in erster Linie, genau dieses zu bestätigen. Der Narzisst braucht eine konsequente Bestätigung seiner eigenen Wahrnehmung von sich selbst, um zu funktionieren und das auszugleichen, was ihm fehlt.

Warum also braucht er Aggression im Alltag? Die Bestätigung im Alltag funktioniert über zwei Wege. Zum einen die konsequente Bestätigung der eigenen Meinung, zum anderen aber auch über die Abwertung der anderen Wahrnehmung, Meinung und Person. Diese Abwertung kann subtil erfolgen.

Narzissten sind manipulativ. Häufig geschieht die Abwertung „im Spaß" und zeigt sich in passiver Aggressivität gegenüber den anderen Personen durch wiederholtes Verspotten dieser Personen. Für die Betroffenen ist es schwer zu erkennen, ob der Narzisst nur einen unsensiblen Spaß gemacht hat oder aber mit der Intention gehandelt hat, einen zu verletzen.

Woran erkennt man aber, ob es sich um einen unsensiblen Scherz handelt oder um narzisstische Aggression? Ganz sicher kann man es nie sagen. Es gibt aber Hinweise, wie man feststellen kann, worum es sich handelt.

Ein erster Hinweis ist, wenn man weiß, dass es sich bei dieser Person um einen Narzissten handelt. Bei diesen Personen ist man meistens ohnehin schon vorsichtig und kann gut und gerne davon ausgehen, dass die meisten „Seitenhiebe" nicht nur aus reinem Spaß an der Freude geschehen. Schwieriger ist es, wenn der Narzissmus verdeckt oder im Familien- und Freundeskreis besteht, aber du dir nicht sicher bist, ob es sich um einen Narzissten handelt.

Konsequenz ist ein guter Hinweis dafür, dass die Abwertung intendiert ist. Wenn jemand vielleicht einmal einen beleidigenden Scherz macht, kommt es dir nicht komisch vor. Geschieht dies aber immer wieder, gerade wenn Publikum dabei ist, so ist dies ein Hinweis darauf, dass der Narzisst sowohl über deine Verletzlichkeit Bescheid weiß als auch darüber, welche Konsequenzen seine Handlungen tragen. Wenn wiederholt Abwertungen gegenüber dem Partner, einem Familienmitglied oder einem Freund fallen, geschieht dies meistens sehr wohl mit der Absicht, die andere Person zu verletzen.

Narzissten suchen sich absichtlich die wunden Punkte der Menschen, um diese anzugreifen. Es ist kein Zufall, dass die Beleidigungen genau den „Nerv" treffen und damit in dir (oder einer anderen betroffenen Person) Schmerz auslösen. Dieses Verhalten zeigt der Narzisst gezielt, um die andere Person wieder in „ihre Position zu bringen". Damit erhebt er sich im Gegenzug in eine höhere, machtvollere Position, in der er Kontrolle hat.

Der wichtigste Hinweis, um narzisstische Aggression zu erkennen, ist allerdings die eigene Intuition. Gerade wenn man schon häufig im Kontakt mit Narzissten war oder in einer Beziehung mit solch einem ist, fällt es einem häufig schwer, dieser Intuition Vertrauen zu schenken. Aber deine Intuition ist ein sehr wichtiger Teil von dir, der nicht ohne Grund fest in dir verankert ist.

Wenn du einem Narzissten auf einer Familienfeier oder im Freundeskreis begegnest und danach diese mit einem komischen Gefühl verlässt, ohne dass spezielle, schreckliche Dinge vorgefallen sind, frage dich, woran das liegt. Warum hast du bereits ein merkwürdiges Gefühl davor? Warum fühlst du dich vielleicht erst danach traurig und komisch? Dieses Gefühl gibt dir einen sehr wichtigen Hinweis darauf, ob etwas in den zwischenmenschlichen Beziehungen zu den anderen falsch gelaufen ist.

Es passiert leider nicht selten, dass man sich stattdessen

selbst die Schuld für die Beleidigungen und scheinbar „harmlosen" Neckereien gibt. Natürlich verletzen dich diese Dinge, weil es einen wunden Punkt trifft. Aber daran ist nicht dein wunder Punkt schuld, sondern die Person, die sich diesen zu eigen gemacht hat. Es kommt vor, dass wir uns im Alltag gegenseitig verletzen, aber die Anhäufung und scheinbare „Unangreifbarkeit" der narzisstischen Manipulation ergibt diese merkwürdige Niedergeschlagenheit nach einem Treffen. Sei aufmerksam dafür.

Aggression und Destruktivität äußern sich auch stark innerhalb der persönlichen Beziehung zueinander, zum Beispiel, wenn es zu Streitereien oder Konflikten kommt. Diesem speziellen Thema werden wir uns noch einmal später im Kapitel zu Narzissmus und Beziehungen widmen.

VERMINDERTES ODER ÜBERSTEIGERTES SELBSTEMPFINDEN

Wir haben bereits im letzten Kapitel darüber gesprochen, welche Kindheitserfahrungen dazu führen können, dass ein Narzisst entsteht. Ob über Aggression, Macht oder Kontrolle, Narzissten versuchen, die nicht erhaltene Aufmerksamkeit stetig auszugleichen. Aber auch auf anderen, weniger destruktiven Pfaden können sie dies erreichen.

Am häufigsten erkennt man diese narzisstische Aufmerksamkeitssucht in Gesprächen. Manchmal fällt es einem gar nicht so sehr auf, bis man darüber nachdenkt, aber Narzissten suchen ständig nach der Möglichkeit, sich selbst darzustellen. Die Darstellung des eigenen Selbst kann zwischen einzelnen Personen sehr stark variieren. Im verdeckten Narzissmus versucht zum Beispiel der Narzisst, sich als sehr hilfreiche Person darzustellen, die wirklich sehr viel Gutes tut. Andere, offenere Narzissten reden gerne über all ihre Erfolge und Besitze. Einige Narzissten müssen immer und immer wieder den eigenen Leidensweg darstellen. Unterm Strich läuft es aber auf dasselbe hinaus: Der Narzisst möchte vor allem über sich selbst reden.

Oftmals beginnt ein Gespräch mit einem Narzissten noch im Austausch von Höflichkeiten und vielleicht fragt er sogar, wie es dir geht. Schnell wechselt das Thema aber meist zu der Wahrnehmung des Narzissten von sich selbst: Er muss immer und immer wieder darüber reden, wie großartig er ist, wie viel Hilfe er leistet oder wie hart sein Leben ist. Narzissten versuchen damit auszugleichen, dass ihre Wahrnehmung schon früh untergraben wurde. Ihr Selbstbild ist gestört und um dieses Bild immer wieder zu bestätigen, müssen sie zwangsläufig ständig über sich selbst reden. Allerdings heißt das nicht, dass er nicht genau hinhört, wenn du Dinge erzählst.

Die Informationen, die du ihm gibst, nutzt er häufig nicht, um dir zu helfen, sondern durchsucht sie nach Möglichkeiten, diese Punkte später gegen dich zu benutzen. Ob er dies tut, indem er später noch einmal darauf zurückkommt und dir einen Seitenhieb gibt oder genau das, was dir fehlt, auf einmal zu haben scheint – das sind nur unterschiedliche Methoden, dasselbe zu erreichen.

Diese scheinbare Eingenommenheit von sich selbst bedeutet nicht, dass der Narzisst sich tatsächlich so großartig findet. Ein Narzisst, der sehr selbstbewusst wirkt, ist dies nach innen hin wahrscheinlich nicht. Selbst wenn er eine wahnhaft schöne Vorstellung von sich hat, ist diese so angreifbar durch etwaige Beleidigungen, dass er sie immer und immer wieder zu bestätigen sucht. Hat er hingegen auch nach außen ein geringes Selbstwertgefühl, heißt das im Gegenzug nicht, dass es sich nicht um einen Narzissten handelt. Der Narzisst ist auf sich selbst bezogen, nicht zwangsläufig konventionell selbstbewusst. Ein Narzisst kann sehr wohl in der Lage dazu sein, sich selbst zu kritisieren. Wichtig ist, dass er die Kritik steuert und Kritik anderer nicht annehmen kann. Stattdessen muss er diese verkehren, indem sie entweder seinen Leidensweg erhöht oder komplett an ihm abprallt.

Wie geht man damit um, wenn man ständig in diesen Kreisen gefangen ist, die der Narzisst nutzt, um sich selbst darzustellen? Das einfachste, was du tun kannst, ist, das Thema subtil zu wechseln. Am besten geht das mit neutralen Themen, die für euch beide keine wunden Punkte sind. Es kann auch helfen, sich emotional darauf vorzubereiten, sich solchen Monologen zu stellen – dadurch kann man sie auch danach besser „beiseite" legen.

Bestätigung ist der wichtigste Mechanismus für den Narzissten. Wie diese im Alltag funktioniert, schauen wir uns nun an.

BESTÄTIGUNG ALS TRIEBFEDER

Bestätigung ist das, wonach sich Narzissten sehnen. Ob es nun die Bestätigung der eigenen Großartigkeit oder der eigenen Wahrnehmung. Auch innerhalb von Beziehungen ist das

Erreichen der Bestätigung die oberste Priorität des Narzissten.

Narzissten sind im Grunde sehr verletzlich. Deswegen gehen sie selten Beziehungen ein, in denen sie sich verletzlich zeigen können. In einer Beziehung mit einem Partner, der rücksichtsvoll und nachsichtig ist, erhalten sie hingegen die von ihnen ersehnte Bestätigung.

Im Alltag zeigt sich diese Sucht nach Bestätigung häufig in den kleinsten Dingen. Das kann zum Beispiel über das ständige Rauf und Runter in der Beziehung geschehen. In einer Beziehung mit einem Narzissten ist selten Ruhe; es geht immer hin und her und die harmonischen Phasen sind meistens sehr kurz und werden recht radikal durchbrochen. Hier zeigt sich, dass Narzissten die ständige Aufmerksamkeit und die Kontrolle darüber, wie sie entsteht, brauchen. Wie Streitereien und Drama im narzisstischen Beziehungsalltag aussehen können, behandeln wir an späterer Stelle nochmals genauer.

Narzisstische Bestätigungssucht zeigt sich nicht nur in der Tendenz des Narzissten, diese vom Partner einzufordern. Ob er Dinge erzählt, die gezielt darauf ausgerichtet sind, seine Wahrnehmung oder Großartigkeit zu bestätigen, oder Aufmerksamkeiten macht, für die er Bewunderung oder eine Gegenleistung erwartet – das sind Sachen, die einen oft noch nicht stutzig werden lassen. Hingegen ist es für die meisten spätestens dann ein Problem, wenn der narzisstische Partner offen fremdflirtet und in einigen Fällen sogar fremdgeht. Warum tut er das? Gerade wenn der narzisstische Teil der Beziehung einen Partner hat, der sehr aufopferungsvoll ist, erscheint das Fremdgehen als Beleidigung. Narzissten geben selbstverständlich ihrem Partner daran die Schuld. Er sei nicht mehr aufregend genug, habe ihn schlecht behandelt oder Ähnliches. Tatsächlich liegt der Grund hinter dem Fremdgehen nicht bei dem Partner, nicht einmal an der Beziehung. Der Narzisst hingegen braucht die Aufmerksamkeit und Bestätigung, die er von anderen Menschen bekommt. Wenn er das Gefühl kriegt, nicht mehr genug Bestätigung vom Partner zu bekommen, sucht er sich jemand anderen und schlägt damit zwei Fliegen mit einer Klappe: Aufmerksamkeit durch eine fremde Person und negative Aufmerksamkeit des zutiefst verletzten Partners.

Der narzisstische Trieb nach Aufmerksamkeit kann auch ins Gegenteil umschlagen. Häufig werfen die narzisstischen Partner ihren Geliebten vor, dass sie fremdflirten oder fremdgehen würden. Das erhöht die Schuldgefühle der Partner und sorgt dafür, dass sie ihre Hingebung und Aufmerksamkeit noch mehr auf den Narzissten legen. All dies sind Manipulationsspiele, um nur das eine zu erreichen: die unstillbare Sucht nach Bestätigung des Selbst. Da der Narzisst sich allerdings nie vollends bestätigt fühlen wird – er ist innerlich verletzt, und die äußere Bestätigung kann das nicht ohne Weiteres heilen – findet er immer neue, kreative Wege, um diese Aufmerksamkeit zu erhalten. Im Prinzip führt dies dann dazu, dass der Narzisst immer mehr Bestätigung bekommt, aber der Partner immer mehr gibt, ohne etwas zurückzubekommen. Der Gewinn, den der Narzisst letztlich daraus erhält, ist ständige Aufmerksamkeit und die absolute Kontrolle über das Beziehungsgefüge.

Dem Narzissten die Bestätigung eiskalt zu entziehen, resultiert wahrscheinlich in einem großen Krach. Aber man kann auch versuchen, die Bestätigung erst einmal etwas einzudämmen. Man muss nicht jedes Mal springen, wenn der Narzisst pfeift.

Gerade in engen emotionalen Bindungen ist das zwar schwer, aber manchmal nicht zu vermeiden. Wenn du zum Beispiel vor einem Familientreffen einfach gar keine Lust hast, hinzugehen, dann sag einfach ab.

Narzissten werden versuchen, in solch einem Fall Schuldgefühle geltend zu machen. Deswegen ist es wichtig, auch bei sich selbst bleiben zu können und sich zu sagen, dass es völlig okay ist, nicht immer zu jeder Zeit bereitzustehen, um jemanden zu umwerben.

SUCHTTENDENZEN ALS HÄUFIGES PHÄNOMEN

Wenn man sich die Sucht nach Bestätigung des Narzissten anschaut, wundert es einen wahrscheinlich nicht, dass Narzissten auch in anderen Aspekten ihres Lebens zu Süchten neigen. Aber warum ist das eigentlich so? Damit wollen wir uns an dieser Stelle beschäftigen.

Der Narzisst, egal wie destruktiv und bösartig, ist letztlich ein Mensch. Das entschuldigt ihn nicht für sein missbräuchliches Verhalten, setzt aber einige seiner Schwächen in ein anderes Licht. Narzissten sind süchtig nach Beachtung, weil sie versuchen, damit etwas zu stillen, das ihnen schon früh abhandengekommen ist. Weil sie eine innere Verletzung heilen wollen, versuchen sie, dies mit Bestätigung und Bewunderung zu tun. Da dies allerdings nicht funktionieren kann, solange der

Narzisst sich nicht seiner eigenen Motive und seiner eigenen Bedürfnisse bewusst ist, weicht er häufig auch auf andere Mittel aus.

Suchtkrankheiten entstehen immer über zwei Kanäle. Zum einen über eine körperliche Abhängigkeit, die meistens über einen längeren Zeitraum entsteht. Zum anderen über eine viel zerstörerische, psychische Abhängigkeit. Menschen, die zu Sucht neigen, haben häufig das Gefühl, eine innere Leere ausfüllen zu müssen. Diese Leere füllen sie durch Konsum. Das können Drogen, Rauschmittel oder auch Essen sein. Narzissten spüren diese Leere. Damit etwas gespürt werden kann und die Leere gefüllt wird, neigen sie dazu, dies mit Süchten zu kompensieren.

Sucht ist im Falle von narzisstischen Beziehungen auch Sehnsucht. Sie sehnen sich nach Unverletzlichkeit, nach Ausfüllung und Ganzheit. Dies scheint ihnen verwehrt zu sein. Da sie damit nicht klarkommen, flüchten sie sich oft immer wieder in Alkohol oder Drogen. Selbst wenn die Partnerschaft „gut" läuft und der Narzisst seine Sucht nach Aufmerksamkeit bestätigt bekommt, bleibt da diese Leere. Auch dann kann er zu Drogen greifen.

Den Partner lässt dies meist in Verzweiflung. Natürlich fragt er sich berechtigterweise, warum so etwas sein muss, wenn doch scheinbar alles perfekt läuft. Das Muster, dass der Narzisst versucht, etwas zu stillen, das er nicht stillen kann, zu erkennen, ist der erste Schritt, etwas daran zu ändern.

Auch Partner von Narzissten können Suchtprobleme haben. Bei ihnen ist es häufig die Sucht danach, geliebt zu werden, die erfüllt werden muss. Insofern ergänzen sich

Narzissten und ihre Partner scheinbar perfekt, denn sie beide versuchen, in ihrer Beziehung eine Befriedigung dieser Sucht zu erlangen. Meistens endet dies jedoch für beide Beteiligten unschön.

Mir schießen mit einem Mal die Tränen in die Augen, allerdings hält ihn das nicht auf. Er spricht immer weiter und seine Worte schmerzen mehr denn je.

Ich kann es einfach nicht fassen. Weiß er eigentlich, was er mir da gerade antut? Wie sehr er mich mit seinen Worten verletzt? Entweder er weiß es ganz genau und er genießt es einfach nur, mir weh zu tun, oder er weiß es eben nicht und er hat keine Ahnung, was er gerade eigentlich anrichtet. Mittlerweile aber denke ich wirklich, dass er es mit Absicht macht, dass er genau weiß, wie sehr er mich verletzt, und dass er sich an meinem Leiden erfreut.

Ich will nicht so denken, denn ich liebe ihn.

Als mir die Tränen die Wangen hinunterrennen, ohne, dass ich etwas dagegen machen kann, ohne, dass ich sie aufhalten kann, verdreht er nur vorwurfsvoll seine verengten Augen.

„Nun fang doch nicht gleich an zu heulen!", sagt er wie jedes Mal, denn scheinbar ist das, was er gerade gemacht hat, in seinen Augen nichts Wichtiges und nichts Besonderes. Er versteht einfach nicht, wie sehr er mich gerade verletzt hat.

Diese Dinge, die er gerade gegen mich verwendet hat, in einem Streit über irgendeine Kleinigkeit, habe ich ihm im Vertrauen verraten, damals, zu Beginn unserer Beziehung, als er mir bei all meinen Sorgen zugehört hat.

Mittlerweile hat sich auch das geändert. Es geht nur noch um ihn und wenn ich kein offenes Ohr für ihn habe, weil ich zu Hause beispielsweise etwas für meine Arbeit machen muss, ist er sofort beleidigt. Jede Form von Kritik sieht er als persönlichen Angriff an, obwohl es doch gar nicht so gemeint ist.

Und gerade jetzt, als ich ihm erkläre, wie sehr er mich verletzt hat und dass ich so langsam keine Kraft mehr habe, ihm und seinen Lügen standzuhalten, trennt er sich von mir.

Aus heiterem Himmel, ohne, dass ich damit gerechnet habe. Angeblich hat er keine Gefühle mehr für mich, aber mittlerweile glaube ich, dass er niemals irgendwelche Gefühle für mich hatte.

Jedes Wort, das er mir jemals anvertraut hat, scheint mir auf einmal erlogen.

Beziehungen und Narzissmus

In diesem Kapitel wollen wir uns der Beziehung zum Narzissten widmen. Eine Beziehung mit einem Narzissten zu führen, ist nicht einfach und oftmals sogar sehr destruktiv. Das ist natürlich davon abhängig wie stark der Narzissmus ausgeprägt ist und wie destruktiv die Verhaltensweisen der betroffenen Person sind.

SELBSTTEST

„Lebe ich in einer narzisstischen Beziehung?“

Das ist wohl der zweithäufigste Gedanke, den viele von uns haben, wenn es um das Thema Narzissmus geht. Dieser

Selbsttest soll dir mehr Klarheit darüber geben, ob du in einer narzisstischen Beziehung lebst. Wieder möchte ich dich bitten, die folgenden Fragen so ehrlich wie möglich zu beantworten.

Fühlst du dich hilflos, weil du ständig versuchst deine/n Partner/in zu verstehen?

Ja | Nein

Sagt dir dein/e Partner/in, dass niemand außer ihm/ihr eine Beziehung mit dir führen würde?

Ja | Nein

Hält dich dein/e Partner/in davon ab deine Freunde und Familie zu sehen?

Ja | Nein

Hast du das Gefühl, dass du nichts richtig machen kannst, es sei denn er/sie gibt dir seine/ihre Bestätigung.

Ja | Nein

Fühlst du dich in deiner Beziehung alleingelassen/depressiv/verängstigt?

Ja | Nein

Spielt dein/e Partner/in deine Ängste und Schwächen gegen dich aus?

Ja | Nein

Hast du das Gefühl auf Eierschalen laufen zu müssen, weil du

Angst hast dein/e Partner/in könnte wieder wütend werden?

Ja | Nein

Ist dein/e Partner/in unberechenbar für dich?

Ja | Nein

Wenn du mehr als vier Fragen mit „ja" beantwortet hast, lebst du wahrscheinlich in einer narzisstischen Beziehung. Wie beim ersten Test gilt auch hier, dass dieser Fragebogen deine aktuelle Lebenssituation natürlich nicht komplett erfassen kann. Er kann dir aber helfen, deine Beziehung besser einzuschätzen und dadurch den ersten Schritt zur Besserung zu machen.

Um den ganzen Umfang der Beziehungsdynamik zu verstehen, ist es auch wichtig die eigene Rolle zu verstehen. Deshalb werfen jetzt wir als allererstes einen Blick auf die Rollenverteilung in der narzisstischen Beziehung.

BEZIEHUNGSDYNAMIK: ES GEHÖREN IMMER ZWEI DAZU!

Eine Beziehung besteht immer aus der Verstrickung zweier Menschen. Wer schon eine oder mehrere Beziehungen hatte, weiß: Es ist oftmals gar nicht so einfach, die bestehenden Muster zu durchbrechen. In einer Beziehung mit einem Narzissten ergeben sich sehr oft dieselben Dynamiken zwischen dem Narzissten und der Person, mit der er eine Beziehung führt.

Beide Partner haben gleichmäßige Anteile daran, diese

Beziehung aufrechtzuerhalten. Es ergibt sich ein Wechselspiel zwischen narzisstischer Bestätigungssucht und der Hingabe des Partners. Das bedeutet aber nicht, dass der Partner schuld an dem Leid ist, das ihm vom Narzissten erbracht wird. Tatsächlich möchten wir hier viel mehr darauf aufmerksam machen, dass man nicht so hilflos gegenüber der Beziehung ist, wie man häufig meint.

Die Beziehungsdynamik in einer Partnerschaft mit einem Narzissten ist speziell. Sie ist geprägt von Co-Abhängigkeit beider Partner und wird auch durch diese aufrechterhalten.

CO-ABHÄNGIGKEIT

Co-Abhängigkeit ist ein weitverbreitetes Phänomen in verschiedenen Beziehungen, nicht nur mit Narzissten. Beziehungen mit Narzissten weisen diese allerdings fast immer vor. Co-Abhängigkeit bedeutet, dass eine Bezugsperson eines Suchterkrankten dessen Sucht durch Unterlassung fördert und besonders darunter mitleidet. In einer Beziehung mit einem Narzissten bedeutet Co-Abhängigkeit, dass du als Partner die Sucht nach Aufmerksamkeit und Bestätigung deines Partners nicht heilst, indem du sie befriedigst, sondern förderst. Für den co-abhängigen Teil in der Beziehung ist dies genauso schmerzhaft, wenn nicht sogar schmerzhafter als für den Partner.

Oftmals verwechseln wir Abhängigkeit mit Liebe und Hingabe. Dass auch wir unserem eigenen Schmerz und unserer Vergangenheit unterliegen, verdrängen wir oft hinter der Vorstellung, dass allein unsere Fürsorge für die andere Person der Grund dafür ist, dass wir ihm oder ihr alles verzeihen. Tatsächlich steht dahinter aber oft der eigene Wunsch, geliebt zu werden, und die Angst davor, die wichtige Bindung zu verlieren.

Wann ist Hingabe in einer Beziehung ein Zeichen von Abhängigkeit und wann ein Zeichen von Liebe? Die Antwort darin findest du bei dir selbst – genauer gesagt, im Verlust deines Selbst. Frage dich genau: Kennst du dich noch, tust du das, was du tust, noch zu deinem Besten? Wenn es nicht so ist, mit welchem Ziel tust du, was du tust? Und ist die Liebe wirklich noch da oder ist es nur die Angst vor dem Verlust?

Natürlich kann Abhängigkeit auch mit Liebe einhergehen. Dass du abhängig bist, bedeutet nicht, dass du nicht liebst; aber wenn die Abhängigkeit die Überhand über deine Beziehung bekommt, schafft das eine innere Distanz zu dir selbst. In der Folge verlierst du dich ganz in der Beziehung und existierst nur noch durch die Beziehung.

Das Gute ist, dass du nicht abhängig bleiben musst. Es dauert und erfordert Liebe zu sich selbst, aber man kann sich aus dieser Abhängigkeit befreien, auch wenn das häufig mit einer Trennung einhergeht. Wichtig ist, dass man sich von den Verpflichtungen freimachen muss, die man sich selbst aufbürdet. Indem man das Eigene behält und dem anderen Seines lässt, kann man das erreichen – dazu gehört auch, dem anderen seine Lasten zu lassen und sich diese nicht selbst aufzubürden.

An diesen Beispielen siehst man, dass Co-Abhängigkeit einen wesentlichen Beitrag dazu leisten kann, warum eine Beziehung mit Narzissten häufig sehr lange in das Muster spielt, dass die Narzisstische Beziehung aufrechterhält. Oftmals finden sich Narzisst und Co-Narzisst in einer scheinbar perfekten Beziehung, die aufgrund von Abhängigkeiten aufrechterhalten wird.

DER NARZISST UND DER CO-NARZISST

Nicht jede Beziehung zu einem Narzissten ist gleich. Es kann vorkommen, dass zwei Narzissten eine Beziehung miteinander führen, genauso wie es vorkommen kann, dass ein Narzisst mit einer selbstbewussten und unverletzten Person zusammenkommt. Sehr häufig zeichnet sich allerdings ein Muster ab, in dem ein Narzisst mit einer Person, die ein „korrespondierendes" Beziehungsmuster aufweist, eine Beziehung eingeht.

In diesem Fall fühlt es sich für die Beteiligten oft so an, als würde die Beziehung perfekt passen. Meist ist es so, dass beide Beteiligten im Grunde viele Verletzungen aufweisen, der Narzisst allerdings in der Beziehung nach Bestätigung und Aufmerksamkeit sucht. Der sogenannte Co-Narzisst geht auf diese Bindung ein, indem er sich vollkommen für den Partner aufopfert und somit das Gegenstück für den Narzissten bildet. Was scheinbar perfekt zusammenpasst, füttert die zugrunde liegende Störung des Narzissten – denn endlich hat er sein Publikum.

Es ist nicht deine Schuld, wenn du Teil einer narzisstischen Beziehung als Co-Narzisst bist. Co-Narzisst zu sein, bedeutet nicht, den emotionalen Missbrauch zu wollen, zu verdienen oder dafür verantwortlich zu sein. Die meisten Co-Narzissten sind aber sehr anfällig für die Schuldzusprüche des Narzissten und versuchen die gesamte Last der Beziehung allein zu tragen. Viele Menschen, besonders häufig Frauen, gehen davon aus, dass sie, wenn sie nur genug Liebe und nur genug Hingabe in diese Beziehung setzen, den Narzissten ändern und „heilen" können. Diese Annahme ist grundsätzlich falsch.

Ist ein Narzisst bereit, an seinen eigenen Problemen zu arbeiten, braucht er zunächst einmal die grundsätzliche Einsicht darüber, dass Probleme bestehen. Nur von diesem Punkt aus kann man an einer Beziehung mit einem Narzissten arbeiten. Wichtig: Die Erkenntnis bedeutet nicht „Wir haben ein

Problem“ oder „Ich leide so sehr, ich brauche Hilfe“, sondern besteht in der wahrhaftigen Einsicht, unter einer narzisstischen Störung zu leiden und gezielt diese zu behandeln. Ohne diese Einsicht wird auch noch so viel Liebe, Hingabe und Arbeit an der Beziehung nichts ändern.

Die Personen, die besonders anfällig dazu sind, als Co-Narzisst in einer Beziehung zu fungieren, weisen meist selbst große Verletzungen und ein geringes Selbstbewusstsein auf. Ihre Verletzungen können ganz ähnlich zu denen des Narzissten sein. Der Unterschied zwischen den beiden ist, dass der Narzisst diese Verletzlichkeit schamlos zu seinem Vorteil ausnutzt, während der Co-Narzisst versucht, um jeden Preis die Beziehung zwischen den beiden aufrechtzuerhalten. So entstehen ein Machtgefälle und eine gefährliche Dynamik zwischen diesen Personen.

Die gute Nachricht ist, dass diese Co-Bindung beider Parteien bedeutet, dass auch von beiden Parteien eine Lösung der Beziehung entstehen kann. In der Rolle als Co-Narzisst fühlt man sich häufig hilflos und schuldig, obwohl man ganz und gar keine Schuld an der Situation trägt. Es kostet Kraft, das einzusehen und dann auch wieder herauszukommen. Aber es ist möglich.

DRAMA ALS ALLTAG

Die Beziehung mit dem Narzissten ist nie einfach. Auch wenn es hin und wieder harmonische Phasen innerhalb der Beziehung gibt, so ist sie meistens doch viel von Drama geprägt. Viele Partner von Narzissten merken dies gar nicht so recht zu

Beginn der Beziehung – nicht nur, weil der Narzisst sie manipuliert, sondern weil sich das Drama auch mit den schönen Zeiten abwechselt.

Ob die Beziehung gut oder schlecht ist, kann häufig innerhalb eines Tages wechseln. Auch die Stimmung des Narzissten ist tagesabhängig und kann auch innerhalb eines einzigen Tages mehrere Facetten annehmen. Manchmal erscheint alles gut und auf einmal ist es das dann doch nicht mehr – der Grund dafür scheint fast bei den Haaren herbeigezogen zu sein.

Die Vorläufer für diese Streitereien und Dramen sind allerdings meistens dieselben. Entweder es erscheint einem gerade alles gut und vielleicht sogar entspannt oder der narzisstische Partner ist schon gereizt, weil er zum Beispiel auf der Arbeit etwas Schlechtes erlebt hat. Genauso kann auch eine Kritik vom Partner, selbst wenn sie gerechtfertigt ist, dafür sorgen, dass der Narzisst an die Decke geht. All diesen Situationen ist gemeinsam, dass der Streit letztlich nicht aus der eigentlichen Situation resultiert, sondern vom Narzissten bewusst provoziert wird. Auslöser ist laut des Narzissten auch nicht er selbst, sondern das angebliche Fehlverhalten des Partners.

Innerhalb des Konfliktes werden dem Partner die Worte verdreht. Was man gesagt hat, wird plötzlich anders ausgelegt und je mehr man versucht, den Streit zu beenden oder da wieder herauszukommen, desto tiefer gerät man hinein. Meistens verhalten sich Narzissten in solchen Streitereien außerdem recht kalt: Ihre Stimme kann monoton und gefühllos werden und ihr Blick bis ins Verächtliche gehen.

Schuldzuweisungen werden getätigt: „Du bist anscheinend eifersüchtig.“, „Du hast dies und jenes getan…“. Der Partner wird mit zunehmender Erkenntnis über die Aussichtslosigkeit dieser Situationen verzweifelt: Irgendwann ist sein einziges Ziel in diesen Streitereien nicht mehr, diesen Konflikt zu lösen, sondern ihn schlichtweg zu beenden und sich zu vertragen. Aber so leicht machen es die Narzissten einem selten.

Stattdessen enden Konflikte oft damit, dass das Thema einfach ignoriert wird. Während sich der Partner Gedanken darüber macht, was er oder sie falsch getan hat, oft nicht schlafen kann und noch tagelang daran denkt, kehrt der Narzisst schnell wieder zur Normalität zurück. Sobald der Partner dann das Gefühl bekommt, alles sei wieder in Ordnung, spürt er oder sie meistens Erleichterung. Das Thema des Streites ist jetzt nur noch nebensächlich, Hauptsache ist, dass dieser schlimme Konflikt überhaupt beendet und einem selbst anscheinend verziehen wurde. Dieses Gefühl hält nur meist nicht lange. Denn kaum hat man einen harmonischen Tag oder eine harmonische Woche hinter sich, so kommt es erneut zu Drama aus dem Nichts. Der Tanz beginnt von vorne und wieder ist scheinbar der Partner und nicht der Narzisst schuld.

DIE LOGIK HINTER DEM DRAMA

Dieses alltägliche Drama kommt nicht von irgendwo her. Warum die Beziehung zum Narzissten nicht harmonisch verlaufen kann, hat mehrere Gründe. Auf jeden Fall liegt es nicht daran, dass man selbst zu wenig liebt oder zu wenig Hingabe zeigt. Im Gegenteil: Der Grund liegt in dieser dysfunktionalen Bindung beim Narzissten selbst. Dass man selbst fördernd dazu beiträgt, die narzisstische Beziehung zu erhalten, hat nichts damit zu tun, dass die Grundstrukturen vom Narzissten gesetzt und kontrolliert werden.

Narzissten sehnen sich nach Macht und Kontrolle. Sie brauchen die Beachtung und die Anerkennung. Diese Motive darf man nicht vergessen. Die alltäglichen Dramen mit dem Narzissten entstehen vielleicht spontan, aber die Motive dahinter sind durchgehend und nicht zufällig. Narzissten lassen das Drama absichtlich entstehen; sie machen es, um die emotionale Kontrolle über ihren Partner zu wahren. Indem sie absichtlich und scheinbar zufällig die Stimmung kippen lassen können, gibt ihnen das eine unheimliche Macht über ihren Partner.

Ein weiterer Faktor, der dazu beiträgt, dass narzisstisches Drama entsteht, ist, dass sie nicht nur Kontrolle über die Emotionen des Partners haben, sondern auch über die Inhalte, die besprochen werden. Indem Narzissten eine bestimmte Verhaltensweise, einen Wortlaut oder etwas völlig Zufälliges zum Drama werden lassen, bestimmen sie, was ein Thema in der Beziehung sein kann und was nicht. Scheinbar nebenbei wird dadurch eine gewisse Hierarchie festgelegt.

Tatsächlich ist aber genau das der Sinn hinter dem Drama: Der Narzisst wird somit zu der Person, die die Beziehung und alle ihre Phasen steuern kann. Durch das ständige Vorgeben der Diskussionsthemen, der Verletzungen und der Beziehungsdynamik werden Narzissten zum alleinigen Kontrolleur der Beziehung, die sie in jene oder eine andere Richtung steuern können. Auch wenn dies eine scheinbar destruktive Richtung für beide Beteiligten ist, so befriedigt es letztendlich dennoch die Bedürfnisse des Narzissten. Den Partner hingegen hinterlässt es verletzt, schwach und passiv – scheinbar wehrlos gefangen in dieser endlosen Spirale.

Im Laufe der Beziehung steigert sich dieses Drama typischerweise immer weiter. Durch die ständige Verletzlichkeit des Narzissten wird der Partner immer leiser und passiver. Er möchte vermeiden, seinen Partner, den Narzissten, zu reizen oder unnötig aufzuwühlen. Deswegen vermeiden Partner von Narzissten immer häufiger Situationen, in denen sie das Gefühl haben, dass jener dramatisch werden könnte. Das hat allerdings genau den gegenteiligen Effekt: Da es das Bedürfnis der Narzissten ist, Kontrolle zu haben, indem sie genau diese Macht ausleben, werden sie immer wieder Drama veranstalten. Wenn sie das Gefühl haben, dass ihr Partner das Drama reguliert, indem er solche Situationen vermeidet, werden sie das Drama nur noch umso größer werden lassen.

Wenn der Partner einen anderen Weg geht, entsteht eine andere Dynamik zwischen dem Narzissten und seinem Partner. Es kann unter Umständen sein, dass die Partner in solchen Beziehungen sich aktiv gegen diese Übergriffe wehren. Wenn sie sich nicht wehrlos gegenüber den Tätern sehen, sprechen sie ihren narzisstischen Partner vielleicht sogar ganz direkt darauf an, streiten mit oder werfen dem Partner das eben genannte Verhalten vor. Auch hierauf haben Narzissten aber ein Verhaltensrepertoire. Klassischerweise verdrehen Narzissten in solchen Situationen gerne die Opfer-Täter Zuweisung. Um der Verantwortung zu entgehen, zeichnen sich Narzissten in solchen Fällen gerne als Opfer. Was wie das

Eingeständnis der eigenen Schwäche erscheint, ist im Grunde wieder nur ein Griff nach Macht; denn die verdrehte Wahrnehmung stößt bei dem Partner sicherlich nicht nur auf Zuspruch. Gegen den Vorwurf, man selbst sei der Täter, lässt sich nur schwer ankommen. Dadurch gewinnt der Narzisst wieder an Macht, provoziert stärker und inszeniert letztlich neue Konflikte, die sich dann um dieses Thema drehen. Unter keinen Umständen lässt er zu, dass der Partner die emotionale Kontrolle über die Beziehung gewinnt.

Aber was hat er letztlich davon, so viel Streit zu erzeugen? Diese Frage stellen sich Partner oft und deswegen kommt es nur allzu häufig zur Schuldzuweisung auf sich selbst. Denn niemand würde sich ja freiwillig schlecht fühlen wollen – oder?

Das Ziel eines Narzissten in einer Beziehung ist allerdings nicht die Harmonie. Wenn er vorgibt, dass Harmonie ihm wichtig sei, so ist es doch meistens eine Lüge. In Wirklichkeit gelangt ein echter Narzisst nämlich nur zur emotionalen Befriedigung durch das Machtgefühl, das er durch die Beziehungsdynamik erhält. Sein Ziel, so kontrovers es erscheint, ist es nicht, eine ruhige Beziehung zu führen. Stattdessen sehnt er sich nach Rastlosigkeit und nach Bewegung. Nur so kann er sich mächtig und in Kontrolle fühlen. Eine ausgeglichene, harmonische Beziehung ist mit einem destruktiven Narzissten allein deswegen schon nicht möglich, weil er sie sich nicht ehrlich wünscht.

Der Grund dafür ist, dass er eine Beziehung nur fühlen kann, wenn sie in irgendeiner Weise schmerzhaft ist. Sie muss dramatisch sein, damit sie ihm wohltuend erscheint. Wenn die Beziehung zu gut läuft, wird er den einen oder anderen Weg finden, diese Harmonie zu zerstören. Das kann geschehen, indem er den Partner als langweilig bezeichnet, die Beziehung abgestanden sieht oder Ähnliches. Die Folge davon ist, dass wieder ein neuer Streit inszeniert wird. Und damit haben die Narzissten letztlich wieder, was sie wollen: Kontrolle und Macht über das gesamte Gefüge der Beziehung.

Man kann sich nur schwer gegen solche Angriffe wehren. Es gibt auch kein Allheilmittel, um solchen Begegnungen aus dem Weg zu gehen. Das narzisstische Drama zu erkennen, hilft allerdings schon, um sich selbst der Schuldlosigkeit an dieser Situation bewusst zu werden. Egal wie unmöglich einem selbst der Wunsch nach Streit und Auseinandersetzungen erscheint – es ist der Wunsch des Narzissten. Das bedeutet im Umkehrschluss allerdings auch, dass einem selbst nicht die Verantwortung dafür zuzuschreiben ist, dass solch ein Drama entsteht.

Irgendwie habe ich ihn dann doch dazu bekommen, mit mir shoppen zu gehen, auch wenn ich nicht ahnen konnte, wie sehr diese gut gemeinte Idee von mir nach hinten losgehen würde.

Aber ich sehne mich einfach danach die stickige Wohnung zu verlassen, die ich sonst nur zum Arbeiten und Einkaufen verlasse.

Ich bin wie eingesperrt und wenn ich ihn darauf anspreche, dann heißt es nur, „Du weißt, dass das nur zu deinem Besten ist."

Er redet mir ein, dass er mich lediglich vor den Gefahren dieser Welt beschützen möchte. Was manchmal wie eine liebevolle Geste wirkt, ist durch und durch destruktiv. Dessen bin ich mir bewusst.

Aber jetzt sind wir draußen. Ich sage ihm, dass ich nicht

unbedingt vorhabe, Geld auszugeben, sondern einfach gerne etwas stöbern möchte.

Ein passendes Kleid ist dann auch schon sehr schnell gefunden. Ich verschwinde damit in die Umkleide und komme fast schon tanzend wieder heraus, denn ich finde es unglaublich schön.

„Wie findest du es?", frage ich begeistert, während ich mich vor dem Spiegel drehe und mich selbst betrachte.

Doch das Lächeln vergeht mir bei seinen Worten schlagartig: „Es würde deiner Mutter sicherlich sehr gut stehen", sagt er, ohne auch nur mit der Wimper zu zucken.

Mir steht der Mund offen. Hat er das gerade wirklich gesagt?

Er sieht meine entgleiste Miene, aber anstatt zu fragen, was los ist, verdreht er nur die Augen. „Nun sei doch nicht so beleidigt, wenn es doch die Wahrheit ist", spricht er kühl.

Ich schlucke und ziehe das Kleid wieder aus, während ich ihn außerhalb der Umkleidekabine reden höre, dass ich das ja immer machen würde und ich immer so schnell beleidigt wäre. Damit würde ich ihm ein schlechtes Gewissen einreden. Natürlich geht es einmal wieder um ihn, obwohl er doch derjenige ist, der mich verletzt hat.

Auf dem Weg nach Hause sage ich kein einziges Wort mehr.

PHASEN DER NARZISSTISCHEN BEZIEHUNG

Die meisten narzisstischen Beziehungen laufen in ähnlichen Phasen ab. Nicht jede Beziehung muss diesem Muster folgen, aber meistens gibt es auffallende Ähnlichkeiten. Ich möchte dir an dieser Stelle drei Beziehungsphasen vorstellen, die sich in den meisten narzisstischen Beziehungen wiederholen.

Die Illusionsphase

Die erste Phase in einer (missbräuchlichen) narzisstischen Beziehung ist die Illusionsphase. Wie der Name schon sagt, geht es in dieser Phase in erster Linie darum, die Illusion beim Partner zu erzeugen, dass ihr gemeinsam eine besondere Verbindung hättet und dass der Narzisst dir alles geben kann, wovon du immer geträumt hast. Er ist sehr aufmerksam, er merkt sich, was du magst, was du an ihm schätzt, was du dir wünscht und was deine Sehnsüchte sind und er scheint dir alles bieten zu können, wovon du je geträumt hättest. Das alles Teil der narzisstischen Illusion.

Zweifel werden schnell im Keim erstickt, indem der Narzisst einem glaubwürdig vorgibt, er würde die Gefühle genauso erwidern wie du selbst – und dieselbe Erfüllung in dieser Beziehung finden. Narzissten können charmant und einnehmend sein und genau das machen sie sich in dieser Phase zunutze. Subtil wird hier auch schon der erste Samen der Schuld gestreut: indem er dir wiederholt beweist, dass deine Intuition falsch ist, entsteht bei dir früh das Gefühl, dass du die Person bist, die diese Beziehung gefährdet. Vom Narzissten kommt alles. Er gibt sich scheinbar ganz für dich auf und kann dich fast sogar mit Liebe überschütten.

Im Zuge dessen kommt es außerdem schon zur ersten Abschottung der anderen Bezugspersonen. Hier geschieht es noch subtil: Die Freunde werden vielleicht nicht beleidigt oder abgewertet, aber subtil wird deine Aufmerksamkeit immer weiter auf ihn und immer mehr von ihnen weggelenkt.

Diese Phase kann unterschiedlich lang anhalten. Gerade sie ist aber auch der Grund dafür, warum man noch so lange an dieser Beziehung festhält, auch wenn sich die äußeren Gegebenheiten schon verändert haben. Diese erste Phase scheint immerhin einen Teil an dem Narzissten zu zeigen, den man lieben kann, eine Person, die man unbedingt wiedersehen möchte. In der Annahme, diese Person existiere wirklich und sei nicht nur ein von dem Narzissten erschaffenes Trugbild, bildet man sich häufig noch lange ein, diese Seite an der geliebten Person wieder zum Vorschein bringen zu können.

Die Abwertungsphase

Die zweite Phase ist die sogenannte Abwertungsphase. Obwohl sie sich auch subtil aufbauen kann, ist es allerdings meistens so, dass sie plötzlich eintritt und den Partner völlig überrascht. Dies ist die Phase, in der der narzisstische Partner wiederholt missbräuchlich wird, indem er anfängt, zu beleidigen oder zu erniedrigen.

Unter Umständen kommt es vor, dass diese Herabwürdigungen sogar schon gewalttätig werden. Aber selbst, wenn sie emotional bleiben, ist die Verletzung schon groß genug, um bleibende Schäden zu hinterlassen. Ob es mit beleidigenden Witzen vor der Familie oder mit direkter, unberechtigter und unangenehmer Kritik im Alltag beginnt: die Beleidigungen treffen tief und zielen meistens genau auf die wunden Punkte der Opfer.

Auch Manipulation ist hier an der Tagesordnung. Die Manipulation wird in diesem Zeitraum immer stärker und die

Isolation des Partners dadurch immer größer. Dadurch wird der Partner angreifbarer, verletzlicher und noch offener für all die Stiche, die der Narzisst setzt. Zwischendurch ist er wieder ganz der Mensch, der er vorher war: liebevoll und wertschätzend. Er hängt an dir und ihm ist auch daran gelegen, dass die Beziehung funktioniert. In Wirklichkeit blendet er dadurch die Wahrnehmung seines Partners, isoliert ihn von allen anderen und sorgt letztlich dafür, dass er seiner eigenen Intuition nicht mehr vertraut. Meistens spitzt sich diese Phase wie eine Spirale zu: Wenn anfangs die Wutanfälle oder die Manipulation in kürzeren Phasen auftreten, werden mit der Zeit die liebevollen Phasen immer weniger. Die Schuld wird hierbei natürlich nicht eingestanden, sondern auf den Partner geschoben.

Die Wegwerfphase

Die Phase muss nicht das Ende der narzisstischen Beziehung sein. Auch wenn die Narzissten ihren Partner mit dieser Phase scheinbar „wegwerfen", kommt es oft vor, dass der Partner wieder in die Beziehung hineingezogen wird. Oftmals ist gerade dies mit sehr viel emotionalem Schmerz verbunden.

In der letzten Phase der narzisstischen Beziehung steigert sich die narzisstische Aggression ins Extreme. Wenn vorher noch phasenweise der „frühere Mensch" durchschien, so ist er nun völlig verschwunden. Leider ist der Partner zu diesem Zeitpunkt schon so manipuliert worden, dass er sich dessen nicht mehr bewusst ist. Der Narzisst ist nur noch das Opfer und der Partner der Täter. Es kann dazu kommen, dass zu diesem Zeitpunkt auch Freunde und Familie bereits vom Narzissten so sehr manipuliert wurden, dass sie dem Narzissten mehr Glauben schenken als dem eigentlichen Opfer. Das Opfer ist somit wehrlos und völlig dem Machtspiel des Narzissten ausgeliefert.

Der Partner wird in der Regel dann „entsorgt", wenn es dem Narzissten zu langweilig wird, weil er oder sie schon so erschöpft und depressiv ist, dass das Machtspiel nicht mehr die Auswirkungen hat, die es haben soll. In diesem Fall nimmt der Narzisst im Grunde den nächsten logischen Schritt des Opfers vorweg, indem er sich des Partners vorher „entledigt". Dies geht meistens mit sehr starken emotionalen Verletzungen einher. Dem Partner wird die komplette Schuld für das Versagen der Beziehung gegeben. Oft muss er auch noch lange danach mit dieser Schuld leben und erleidet schwere Traumata davon. Schlimmer ist es allerdings, wenn der Narzisst sich entscheidet, den Partner in immer neuen Versuchen wieder in diese Beziehung einzubinden.

Manchmal hat der Narzisst auch schon einen neuen Partner, mit dem er die gewünschten Machtspiele ausführen kann. Das ist doppelt verletzend für den Partner, da er dadurch „ausgetauscht" und durch jemand „besseren" ersetzt wird. Letztendlich ist die Trennung aber besser, als in solch einer destruktiven Beziehung gefangen zu bleiben.

Die Phasen der narzisstischen Beziehung können in unterschiedlicher Heftigkeit und in Kreisläufen verlaufen. In einigen Fällen ist sowohl körperliche als auch sexuelle Gewalt vorhanden, in anderen nicht. In jedem Fall aber haben narzisstische Beziehungen eines gemeinsam: Sie sind emotional auslaugend, schmerzhaft und hinterlassen tiefe Wunden bei dem Partner.

Manchmal erfolgt die Trennung auch anders als oben beschrieben. Wir wollen uns daher genauer anschauen, was es bedeutet, sich aus einer narzisstischen Beziehung zu lösen und wie einem das auch von selbst gelingen kann.

DIE TRENNUNG IN EINER NARZISSTISCHEN BEZIEHUNG

Die Trennung durch den Narzissten

Diese Art der Trennung ist häufig der Grund für das Ende in einer narzisstischen Beziehung. Dieser letzte Schritt, den der Narzisst geht, ist seine finale Manipulation und damit sein größter Spielzug. Aber wie kommt es überhaupt dazu, dass er zu so radikalen Mitteln greift?

Dem Narzissten mangelt es an Selbstsicherheit und Vertrauen. Einer von ihm inszenierten Trennung gehen häufig Ereignisse voran, die genau dies auf die Probe stellen. Es kann zum Beispiel sein, dass der Partner und der Narzisst näher zusammenziehen oder dass der Partner einen neuen Karriereschritt wagt. Durch solche Veränderungen entsteht zum einen eine größere emotionale Nähe zwischen den Partnern, die Vertrauen erfordert. Dieses kann und will der Narzisst nicht eingehen, denn er will sich nicht verletzbar machen. Zum anderen wird dem Narzissten dadurch seine eigene Abhängigkeit stärker bewusst – gerade, wenn der Partner auf einmal weniger Zeit für ihn hat, auch wenn er sich trotzdem noch liebevoll um ihn kümmert. Im Grunde ist es ein gutes Zeichen, dass sich der Narzisst dadurch derart bedrängt fühlt. Das bedeutet nämlich, dass der Partner zumindest ein bisschen auch seinen eigenen Wünschen nachgehen kann und sich nicht gänzlich vom Narzissten manipulieren lässt.

Dennoch kann die Trennung durch den Narzissten wie ein Schock kommen. Wie bereits erwähnt, gibt es sehr oft einen „angeblichen" Grund für die Trennung, der allerdings sehr banal erscheint. Am wichtigsten ist aber, dass der Narzisst sich selbst keine Schuld und keinen Anteil an der Trennung eingestehen wird. Er fühlt sich gezwungen, die Beziehung die beenden, weil der Partner die Trennung provoziert hat. Er hat keine andere Wahl. Der Partner ist immer schuld und er wird in dieser Schuld zurückgelassen.

Es ist sehr schwer, sich von einem derartigen Vertrauensbruch zu erholen. Die meisten Partner leiden sehr lange unter dieser Trennung und fragen sich, was sie genau falsch gemacht haben. So eine Erfahrung kann mitunter sehr traumatisch sein.

Wichtig ist, solch eine Situation nicht nur emotional zu betrachten. Auch wenn einen selbst keine Schuld an der Trennung trifft, hilft es manchmal, die Schuld anzunehmen. Das heißt nicht, dass man sich selbst als Auslöser betrachten soll oder sich gar schuldig fühlen soll. Aber es kann zur Heilung beitragen, zu akzeptieren, dass der Partner es nie anders sehen wird. Narzissten handeln oftmals unbewusst, um ihre eigene Verletzlichkeit zu kaschieren und ihre narzisstische Persönlichkeitsstörung auszuleben. Sie sind sich selbst vielleicht nicht einmal bewusst, dass sie mit dieser Trennung sich und den Partner manipulieren. Nimm an, dass dein Partner nun einmal so ist. Das macht keines von den schlimmen Dingen, die er getan hat, besser. Aber es hilft, die eigene Schuld zu überwinden.

Sich von einem Narzissten trennen

Wenn man selbst der liebende und hingebungsvolle Teil einer narzisstischen Beziehung ist, ist es sehr schwierig, sich überhaupt von dem Partner zu trennen. Die ständigen Schuldzuweisungen des Narzissten lassen einen oft sehr lange nicht sehen, dass man selbst nicht das Problem in der Beziehung ist, sondern der Partner. Wenn man allerdings eine Trennung bereits in Betracht zieht, ist dies ein großer Fortschritt für eine co-abhängige Beziehung. Es heißt, dass man Erkenntnis darüber gewonnen hat, dass man nicht gut behandelt wird.

Die Trennung vom Narzissten durch den Partner geschieht eher schrittweise als direkt und abrupt. Sei es, dass man sich bereits zuvor mental abkapselt oder einfach nur anfängt, häufiger Problematiken anzusprechen. Die eigentliche Trennung erscheint einem aber oft zu Beginn unmöglich. Nicht selten hat der Narzisst auch das persönliche Umfeld bereits „bearbeitet" und somit dafür gesorgt, dass man weniger Anhaltspunkte hat als zuvor. Für viele Co-Narzissten ist die Trennung eine schreckliche Vorstellung – gerade, wenn auf der eigenen Seite bereits ein niedriges Selbstbewusstsein und viele Verletzungen bestehen. Um die Trennung dennoch durchzuführen, kann es hilfreich sein, auch das zu akzeptieren. Sich mit sich selbst auseinanderzusetzen, ist nicht immer nur gruselig und schrecklich – im Gegenteil, es kann eine ganz wundervolle Erfahrung werden. Wenn dir der Gedanke an eine

Trennung noch zu hart und zu weit weg erscheint, versöhne dich mit dem Gedanken, auch allein sein zu können. Du musst es nicht, aber wenn du wolltest, dann könntest du. Dich selbst kennenzulernen kann unter Umständen sogar genauso aufregend sein wie eine andere Person kennenzulernen.

Die Trennung wird natürlich trotzdem nicht leicht. Die meisten Partner fürchten sich sehr davor und haben Angst vor dem Schmerz – und wie wir wissen, wird es dem Narzissten sehr daran gelegen sein, auch nach der Trennung diesen in dir zu erzeugen. Was letztlich die ausschlaggebende Frage sein sollte, ist allerdings, ob die neue Situation wirklich so viel schlimmer sein kann als die Situation, in der du dich jetzt gerade befindest. Bist du zufrieden, so wie es ist? Oder macht dich diese Beziehung zum größten Teil nur unglücklich?

Der Narzisst wird wahrscheinlich nicht gut und sehr verletzend auf die Trennung reagieren. Die Phase danach ist oft fast noch schlimmer als die Trennung an sich. Viele Menschen versuchen, trotzdem Kontakt zu halten oder diesen nur wenig zu unterbinden. Hier ist es ganz wichtig, konsequent zu sein: keine Anrufe, keine Nachrichten, kein Treffen. Und falls man sich doch wieder begegnet, kann es dem Selbstschutz dienlich sein, keine Emotionen zu zeigen. Der Narzisst sucht dich nicht wieder auf, weil er dich liebt. Er möchte sich nur mit deinen Gefühlen vergnügen und diese Möglichkeit solltest du ihm nicht geben.

Natürlich ist das alles nicht so einfach, wenn man das gleiche Umfeld oder sogar eine gemeinsame Familie hat. In solchen Fällen sollte man sich am besten Verbündete suchen, auch auf professioneller Ebene.

Der narzisstische Charme sorgt dafür, dass der Narzisst nach solch einer Trennung scheinbar sogar romantisch vor der Tür stehen kann, allerlei überzeugende Gesten zeigt und sich ganz wie der Gentleman (oder die Lady) benimmt, der er zu Beginn der Beziehung war. Vielleicht entsteht dadurch bei dir der Eindruck, dass du ihm eine Chance geben solltest. Immerhin kämpft er für dich, also musst du ihm auch was bedeuten – oder?

Die Antwort ist leider: Nein. Der Narzisst sucht die Aufmerksamkeit, die du ihm entzogen hast. Er ist nicht wirklich an deinem Wohlergehen interessiert, sondern an seinem eigenen. Deswegen ist es so wichtig, Grenzen zu setzen. Wir schauen uns jetzt etwas genauer an, wie diese Phase nach der Trennung verlaufen kann.

Das Nachspiel

Ob sich nun der Narzisst von dir getrennt hat oder du dich von ihm: Er steht wieder vor der Tür und versucht, dich zurückzugewinnen. Vielleicht ruft er auch einfach an, weil er „deine Stimme hören möchte". Viele Menschen, die mit einem Narzissten in einer Beziehung waren, lassen sich durch diese Verhaltensweisen wieder in eine Beziehung mit den Narzissten überreden. Es gab ja schließlich auch mal gute Zeiten.

Für die meisten Partner einer narzisstischen Beziehung beginnt an dieser Stelle ein etwas längerer Kreislauf von ständigem „On-Off".

Die Frage, die du dir in diesem Moment stellen solltest, ist: Möchtest du das? Brauchst du das? Bist du mit diesem ständig wiederkehrenden Hin und Her zufrieden? So hart es auch ist, die narzisstische Aufmerksamkeit sollte nicht mit echter Liebe und Zuneigung verwechselt werden.

Trotzdem darfst du natürlich um diese Beziehung trauern. Dich nicht schuldig zu fühlen, ist eine Sache, aber deswegen solltest du dir nicht verbieten, überhaupt etwas zu fühlen. Es ist sehr wichtig, auch traurig sein zu können und zu weinen. Aus so einer destruktiven Beziehung kann man dann im Nachhinein aber auch etwas lernen.

Gehe den Beziehungsverlauf noch mal in einem ruhigen Moment für dich durch. An welcher Stelle hast du dem Narzissten etwas durchgehen lassen, das du im Nachhinein vielleicht schon als Warnsignal erkennst? Mache dir deswegen keine Vorwürfe. Darüber nachzudenken kann aber dafür sensibilisieren, beim nächsten Mal früher den Schlussstrich zu ziehen. In solchen Momenten stecken auch Lernerfahrungen, die du gut für dich nutzen kannst.

Mittlerweile geht es mir von Tag zu Tag schlechter, ihm allerdings immer besser, scheinbar. Ich bin unglücklich, auch wenn ich es mir nicht eingestehen will.

Zu gerne erinnere ich mich an die schönen Momente, die ich mit ihm erlebt habe, und um diese Momente immer wieder erleben zu dürfen, habe ich angefangen, ein Tagebuch zu schreiben, eigentlich mit der Intention, diese guten Dinge aufzuschreiben, um mich nicht in der Dunkelheit seiner Selbst zu verlieren.

Ich weiß, dass mein Freund nicht nur so schrecklich ist, doch momentan wird es für mich immer schwieriger, die guten Seiten in ihm zu sehen.

Als mir die Idee mit dem Tagebuch kam, sah ich darin eine Art Ausweg. Vielleicht könnte ich länger bei ihm bleiben, wenn ich mir einfach immer wieder diese schönen Momente vor Augen halte, aber bereits auf den ersten Seiten muss ich feststellen, dass ich dazu verleitet werde, einfach alles aufzuschreiben. Leider sind das meist keine guten Dinge.

Da er mich nicht mehr meine Familie und meine Freunde sehen lässt, die ich schrecklich vermisse, habe ich niemanden mehr zum Reden, und mit ihm zu reden ist sowieso eine Sache für sich.

Er hört mir nicht zu und wenn er etwas falsch versteht, ist er sofort beleidigt. Dann kann ich ihm auch drei Mal sagen, dass ich etwas ganz anderes gesagt habe, aber er glaubt mir dann einfach nicht.

Vielleicht verfalle ich deswegen so sehr in mein Tagebuch hinein.

Ich kann mir einfach alles von der Seele schreiben und da er nichts davon weiß und ich das kleine Buch auch sehr sauber und ordentlich verstecke, brauche ich mir keine Sorgen machen, dass er es jemals finden wird.

Tatsächlich will ich mir gar nicht ausmalen, was wirklich passieren würde, wenn er diese Seiten mit meiner Handschrift lesen würde.

Da er jedes Wort von mir als Kritik und damit als fast schon tödlichen Angriff an sein Ego nimmt, würden ihm vermutlich diese ehrlich geschriebenen Worte genug sein, um sich von mir zu trennen.

Die Techniken des Narzissmus

Wir haben jetzt schon im Laufe dieses Ratgebers einige Taktiken angeschnitten, die von Narzissten benutzt werden. In diesem Kapitel gehen wir noch mal etwas genauer auf die einzelnen Dinge ein, die der Narzisst in Beziehungen macht, um die Kontrolle über den Partner oder das Familienmitglied zu erhalten. Nicht jeder Narzisst benutzt alle Taktiken im gleichen Maße, es gibt individuelle Unterschiede. Zuallererst wollen wir deine Aufmerksamkeit dafür schärfen, diese Manipulationen frühzeitig zu erkennen.

MANIPULATIONSTECHNIKEN UND MACHTSPIELE ERKENNEN

Manchmal fällt es einem gar nicht so leicht, sofort zu

durchschauen, wenn jemand versucht, einen zu manipulieren. Es gibt auch nicht die eine Formel, um Manipulationen immer zu erkennen. Allerdings kann es viele Hinweise darauf geben, dass man manipuliert wird.

Ein klassisches Mittel von Narzissten, um Macht auszuüben, ist Druck aufzubauen. Druck kann aufgebaut werden, indem eine zeitliche Begrenzung eines Angebotes erfolgt oder aber auch, indem verlangt wird, eine endgültige Entscheidung zu treffen. Gerade bei Sachen, die dir viel bedeuten, solltest du dich immer fragen, warum gerade jetzt Druck aufgebaut wird. Ist es wirklich so, dass zeitlicher Druck vorliegt? Kann es sein, dass dein Gegenüber mithilfe dieses Druckes versucht, etwas zu erreichen? Hat überhaupt irgendjemand Vorteile davon, wenn du diese Entscheidung unter Druck fällst?

Manipulationen im Alltag, wie das subtile Verdrehen von Wahrheiten und kleinen Lügen, kannst du auf die Schliche kommen, wenn du Muster siehst. Wiederholt sich ein bestimmtes Verhalten? Ist es zum Beispiel so, dass einer deiner Bitten wiederholt in falscher Weise nachgekommen wird? Solche Muster sind Anzeichen für Manipulation und keine einmaligen Fehler. Sei wachsam dafür und vertraue deiner eigenen Einschätzung.

Um Manipulation im Alltag zu erkennen, kann es auch hilfreich sein, sich zu fragen: Bin ich selbst vielleicht anfällig für Manipulation? Und wenn ja: in welchen Bereichen? Wirst du dir im Klaren darüber, dass du bestimmte sensible Punkte hast, fällt dir wahrscheinlich auch eher auf, wenn an diese appelliert wird. Der Narzisst kennt diese sensiblen Punkte und greift diese zielgerichtet an. Wie genau er das tut, schauen wir uns jetzt an.

MIND GAMES

Narzissten wollen die volle Kontrolle und versuchen, sie sowohl physisch als auch emotional zu erlangen. Gerade in Familienverhältnissen und Partnerschaften kommt es daher oft zu sogenannten „Mind Games", in denen der narzisstische Beziehungsanteil versucht, die anderen Beziehungspartner gezielt hinters Licht zu führen. Ziel des Narzissten ist es, dass der eigenen Wahrnehmung misstraut wird und stattdessen die Realität des Narzissten als gültig anerkannt werden kann.

Narzissten nutzen dazu die Unsicherheiten und Schwächen des Partners oder Familienmitglieds. Man wird gezielt und oft humoristisch abgewertet oder die sensiblen Punkte werden angesprochen. Ein häufig vorkommendes Beispiel hierfür sind Gewichtsprobleme. Wenn der Narzisst weiß, dass man gerade eine Diät ausprobiert, wird er versuchen, genau darüber eine abfällige Bemerkung zu machen. Vielleicht lässt er auch die Prognose fallen, dass die Diät sowieso nicht gelingen könne.

Auf ähnliche Art und Weise kann der Narzisst auch Macht über einen erhalten, indem er einen das Gefühl gibt, man sei unersetzlich und wichtig für ihn. Dies ist meistens gepaart mit einem implizierten Schuldzuspruch, sollte man den Narzissten alleine zurücklassen. „Ohne dich schaffe ich es nicht." Was im ersten Moment romantisch und ehrlich klingen mag, ist eine gezielte Manipulation des Gewissens, dass man diesen armen Menschen nicht verlassen darf. Ohne einen selbst wäre er ja immerhin aufgeschmissen. Man muss ihn retten, ihn heilen, und deswegen darf man nicht gehen. Diese höchst tückische Manipulation ist im Grunde nichts anderes als eine Erpressung.

Auch die ständige Untergrabung der eigenen Wahrnehmung vor anderen Leuten ist ein Teil dieses Spiels. Manchmal wird einem dies sogar im Streit vorgehalten: „Dir glaubt doch ohnehin niemand." Und das Schlimmste daran ist, dass man meistens zu diesem Zeitpunkt auch schon die Erfahrung gemacht hat, dass das stimmt. Diese Manipulation wird schon sehr früh begonnen. Einen solchen Effekt erreicht sie schließlich hauptsächlich über das sogenannte „Gaslighting".

GASLIGHTING

Unter Gaslighting versteht man, dass die eigene Wahrnehmung gezielt von einer anderen Person manipuliert wird, indem sie als unwahr, falsch oder verdreht dargestellt wird. Gaslighting hat zur Folge, dass man seinen eigenen Emotionen und Wahrnehmungen nicht mehr vertraut und so Manipulation nicht erkennt und Missbrauch übersieht.

Gaslighting kann im Alltag in den kleinsten Gegebenheiten vorkommen. Ob es nun einfach heißt „Du hast mir nicht gesagt, ich solle den Wasserkocher aufsetzen" oder etwa „Das musst du falsch verstanden haben, ich meinte das andere Fenster" – es kann schon mit so etwas scheinbar Banalem beginnen. Letztlich führt es aber immer dazu, dass der narzisstische Partner versucht, die Wahrnehmung des Partners als falsch und seine als richtig darzustellen. Er ist unerschütterlich in diesen Versuchen. Gerade wenn man jemandem vertraut, führt das schließlich dazu, dass man sich selbst immer mehr misstraut.

Diese grausame Art des emotionalen Missbrauchs verstört viele Menschen schon im Kindesalter, wenn sie mit narzisstischen Eltern aufwachsen. Es entsteht der Eindruck, dass alles, was man tut, einer fehlerhaften Erinnerung, Emotion oder Wahrnehmung unterliegt. Dadurch wird man völlig hilflos gegenüber anderen narzisstischen Übergriffen. Wird man im Streit beleidigt, hört man danach: „Das habe ich so doch gar nicht gesagt." Wenn man um etwas bittet und es wird nicht oder ganz anders ausgeführt, kommt zurück: „Was willst du eigentlich?" So oder so, die Schuld liegt plötzlich immer bei einem selbst.

Gaslighting ist besonders schwer zu durchbrechen, weil es dein eigenes Selbstvertrauen angreift und dir somit jede Grundlage entzieht, auf der du dich beschweren könntest. Deswegen ist es so wichtig, sich Verbündete zu suchen, die bestätigen können, dass eine Situation vielleicht ganz anders abgelaufen ist. Die Wahrnehmung des Gegenübers ist nicht wertvoller oder bedeutsamer als die eigene. So sollte sie auch behandelt werden.

SILENT TREATMENT

Eine andere Form der narzisstischen Manipulation folgt häufig auf Kritik oder Streitereien. Das sogenannte Silent Treatment beschreibt das Schweigen des Narzissten, mit dem er einen bestraft. Schweigen ist deshalb so manipulativ, weil es einem jegliche Möglichkeit entzieht, den Konflikt vernünftig zu lösen.

Narzisstische Eltern nutzen dies gerne bei ihren Kindern.

So entziehen sie ihnen die volle Aufmerksamkeit und machen ihnen im Grunde klar, dass sie die Kinder nicht brauchen. Kinder hingegen sind angewiesen auf ihre Bezugsperson und sie brauchen die Aufmerksamkeit. Für diese Kinder ist Silent Treatment höchst traumatisch.

Silent Treatment folgt meistens auf einen wutentbrannten Streit. Der Narzisst bedient sich dieser Strategie dann, wenn er merkt, dass seine Aggressionen nicht den gewünschten Effekt haben. Am missbräuchlichsten wird diese Taktik dann, wenn der Partner oder das Familienmitglied sich sogar anfängt zu entschuldigen, auch wenn er oder sie im recht war. Darauf geht der Narzisst schon gar nicht ein. Im Gegenteil, er genießt es, diese Art von Zuwendung und Aufmerksamkeit zu bekommen.

Sich gegen Silent Treatment zu wehren, ist ebenfalls nicht immer einfach. Am wichtigsten ist es, sich in den Kopf zu rufen, dass der Narzisst diese Strategie nutzt, um seine eigene Verletzlichkeit zu überdecken. Bleibe deswegen bei dir und versuche nicht, herauszufinden, was genau du falsch gemacht hast.

Manchmal hilft es, die Situation noch einmal in Ruhe zu reflektieren, und zwar ohne nach Fehlern zu suchen. Überlege einfach, wie dein narzisstischer Partner reagiert hat und wie du reagiert hast. Wenn du der Meinung bist, dass du im Grunde recht hast, bleibe auch dabei. Das Harmoniebedürfnis sollte dich nicht dazu treiben, diese Manipulation zu akzeptieren. Gib nicht dich selbst auf, nur um ihm zu gefallen!

GHOSTING

Ghosting ist im Prinzip die moderne Version des Silent Treatment. Man benutzt den Term, um das plötzliche Ignorieren von (besonders Text-)Nachrichten zu beschreiben. Genauso wie der Narzisst dich mit Schweigen bestraft, ghostet er auch gelegentlich seine PartnerInnen. Das muss nicht nur als Strafe erfolgen. Der Narzisst erlebt dadurch auch ein großes Machtgefühl und Kontrolle.

Oft fragt man sich, was genau man wieder falsch gemacht hat. Es kann einen sogar in großer Sorge lassen: Ist dem Partner oder Familienmitglied etwas geschehen? Geht es ihm gut? Hat er sich vielleicht sogar etwas angetan? Diese Sorge und Bekümmerung sind genau die Art von Aufmerksamkeit, die der Narzisst in diesem Moment versucht zu bekommen. Sein Ziel ist es, die Emotionen der Personen in seiner Umgebung zu steuern. Indem er es schafft, dass sich in dieser Zeit alles bloß um ihn dreht, hat er dies erreicht.

Wenn es wiederholt zu Ghosting kommt, muss man das Handy auch mal beiseitelegen und sich sagen, dass es in Ordnung ist. Damit schwingt natürlich immer die Angst, dass dem Partner tatsächlich etwas passiert sein könnte. Das kann es aber letztlich immer, zu jeder Zeit, und man selbst trägt keine Verantwortung dafür. Um es kurz auszudrücken – jedem kann jederzeit etwas passieren, und niemand, der einmal drei Stunden nicht auf sein Handy geschaut hat, ist dann daran schuld. Du hast auch ein eigenes Leben und eigene Bedürfnisse und musst nicht ständig für deinen Partner abrufbar sein. Es ist okay, dann auch mal durchzuatmen und die Entspannung zu genießen, in der sich nicht alles nur um den Narzissten dreht.

LÜGEN

Narzissten lügen, um zu manipulieren. So erzählen sie manchmal ganz grandiose Geschichten von sich selbst, um sich vor anderen zu profilieren. Genauso können sie die schrecklichsten Leiden schildern, denen sie angeblich ausgesetzt sind. Auch in der Familie und in Partnerschaften wird gelogen. Teilweise passiert dies bis zur Abstrusität.

Man muss sich immer wieder bewusst machen, dass echte Narzissten unter einer Persönlichkeitsstörung leiden. Sie lügen, um das Bild aufrechtzuerhalten, das sie von sich selbst erschaffen haben. Aber sie lügen auch, um ihren Willen zu bekommen, um Unwahrheiten über andere zu verbreiten und ihren Partner zu isolieren.

Es kann sich dabei um ganz einfache Lügen über den Narzissten selbst handeln. Zum Beispiel Dinge, die er irgendwann getan hat oder die er im Leben erreicht hat. Genauso können Narzissten Lügen aber auch benutzen, um die Realität des Partners zu verdrehen.

REALITÄTEN VERDREHEN

Narzissten haben niemals die Schuld an irgendetwas. Da sie die meisten Dramen in ihrem Leben selbst provozieren, brauchen sie einen Sündenbock, dem sie die Schuld geben können. So entsteht eine ganz leichte Täter-Opfer-Umkehr in narzisstischen Bindungen. Der Partner ist ohne Ausnahme an allem schuld.

Wie beim Gaslighting spielt diese Realitätsverdrehung mit der Wahrnehmung des Opfers. Solche Spiele können jedoch weitergeführt werden und müssen sich nicht auf den Partner beschränken. Stattdessen bauen Narzissten oft schon früh im Umfeld des Partners oder des Familienmitglieds ihre Sicht der Realität aus. So nehmen sie den potenziellen Helfern ihres Partners gleich den Wind aus den Segeln und sorgen dafür, dass sie allein dastehen, wenn sie sich nach jemandem umsehen.

Diese verzerrte Wirklichkeit macht es für den Partner noch schwieriger, aus der narzisstischen Beziehung zu entkommen – oder diese erst einmal selbst zu erkennen. Einige Narzissten gehen sogar so weit, dass sie nach der Trennung im Umfeld Lügen über den (Ex-)Partner verbreiten. Solche Schmierkampagnen sind nicht selten und häufig fühlen sich die Opfer diesen gegenüber wehrlos und wissen nicht, wie sie sich helfen sollen.

Wenn du mitbekommst, dass dein (Ex-)Partner oder Familienmitglied Lügen über dich verbreitet, ist es am besten, diesen Zustand offen zu kommunizieren. Wechselst du zum Beispiel den Arbeitsplatz, kannst du vertrauenswürdige Kollegen darauf vorbereiten, indem du die Problematik zu einem angemessenen Zeitpunkt anschneidest. Auch deinen Freunden und Bekannten gegenüber lohnt es sich, offen zu sein. Es muss keine Schuldzuweisung erfolgen, manchmal reicht es, lediglich die Situation rational zu erklären. So nimmt man den Narzissten den Wind aus den Segeln und sorgt dafür, dass ihre Lügen nicht auf fruchtbaren Boden fallen.

Trotz des komischen Gefühls in meiner Brust, habe ich eingewilligt, mit ihm zusammenzuziehen. Vielleicht war es ein Fehler. Immer öfter erwische ich mich bei diesem Gedanken.

Langsam zweifle ich an mir selbst. Denn oft ist er unglaublich lieb und einfühlsam. Er fasziniert mich mit seiner großartigen Persönlichkeit. Aber er hat auch eine andere Seite. Eine Seite, die ich ganz und gar nicht schätze und versuche zu meiden.

Immer wieder kritisiert er mich. Sei es meine Aussprache, meine Kochkünste, mein Gang oder mein Körper. Die Liste ist sehr lang, denn er findet eigentlich immer etwas an mir auszusetzen.

Aber ich darf ja nichts ansprechen, was mich an ihm stört. Er sieht jede Kritik als Angriff an und diesen Angriff sieht er sehr ernst. Deswegen sage ich bereits nichts mehr. Ich bleibe still und lasse es über mich ergehen.

Er möchte für alle seine Taten eine Bestätigung. Ich merke wie er sich selbst überschätzt und sein Selbstbewusstsein, das ich an ihm zu Beginn sehr geschätzt habe, scheint für mich jetzt nur noch wie ein Kartenhaus, das schief gebaut wurde, zu stehen – jederzeit bereit einzustürzen.

Am liebsten würde er mich pausenlos bei sich behalten. Nun, da wir zusammen wohnen, habe ich sowieso keine Rückzugsmöglichkeit mehr. Ich fühle mich in meiner eigenen Wohnung gefangen.

Ich denke, ich brauche ein Tagebuch, um meine Gedanken zu sortieren.

Kann man Narzissmus heilen?

PROGNOSE

Bei Narzissmus handelt es sich um eine psychologische Störung der Persönlichkeit. Psychische Störungen werden in der Regel mit Psychopharmaka oder Therapien behandelt. Da es sich bei Narzissmus um eine Störung der Persönlichkeit handelt, muss man verstehen, dass diese nicht einfach von heute auf morgen geheilt werden kann.

Stattdessen ist eine Therapie notwendig. In diesen Therapien wird normalerweise versucht, die komplexe Persönlichkeitsstruktur aufzubrechen, indem die typischen Verhaltensmuster und ihre Auslöser erkannt werden. Danach beginnt man mit einer Verhaltensmodifikation. Diese Therapie erfordert viel Zeit. Am wichtigsten ist aber, dass eine Änderungsmotivation beim Klienten vorliegt.

Eine narzisstische Persönlichkeit kann mithilfe von Therapie überwunden werden. Das größte Hindernis ist aber, dass bei den meisten Menschen mit narzisstischer Persönlichkeitsstörung keine Erkenntnis über die eigene Erkrankung besteht. Deswegen ist dieser Weg meist schon zu Anfang lang und gehindert. Wie bei vielen psychologischen Störungen gilt auch hier, dass die Erkenntnis der erste Schritt zur Besserung ist.

DAS VERLETZTE INNERE KIND TRÖSTEN

Die meisten Narzissten haben irgendwann in ihrem Leben den Kontakt zu sich selbst verloren. Dies geschieht meistens schon in der Kindheit. Um den Narzissmus zu überwinden, ist es deshalb für viele Menschen von Bedeutung, sich mit diesem verdrängten Ich aus der Kindheit auszusöhnen.

Wie bereits zu Beginn erklärt, entsteht Narzissmus vor allem durch zu wenig Aufmerksamkeit und Liebe. Das Kind muss daher schon früh erwachsen werden, weil es die kindliche Befriedigung der Aufmerksamkeit nicht bekommt.

Wie tröste ich das innere Kind? Als allererstes ist es wichtig, Kontakt zum inneren Kind herzustellen. Das ist häufig viel schwieriger als es sich anhört. Erinnere dich zurück, wie deine Kindheit war. Was hast du gerne gemacht, wo bist du gerne gewesen? Gab es eine Tätigkeit, in der du besonders aufgegangen bist?

Wenn der Kontakt zum inneren Kind hergestellt ist, ist es wichtig, dem Kind als erwachsenes Ich zu begegnen. Kinder entschuldigen den (meist elterlichen) emotionalen Missbrauch häufig, indem sie sich einreden, es sei ganz normal und gar nicht schlimm. Deine Aufgabe ist es, um das innere Kind zu trösten, dem Kind zu erklären, dass seine Gefühle legitim und echt sind und dass es diese zulassen kann.

Die Verdrängung der eigenen Emotionen ist etwas, das wir alle tun, indem wir uns selbst reglementieren. Wir sagen uns, dass wir ruhig bleiben müssen, nicht anfangen dürfen zu weinen und Ähnliches. Das würden wir unseren eigenen Kindern nie sagen, wenn ihnen etwas wirklich Schlimmes passiert. Deshalb ist es wichtig, auch sich selbst sagen zu können, dass die eigenen Emotionen zulässig sind. So trösten wir uns selbst in unseren Emotionen.

Der Effekt ist dann, dass sich diese nach innen gerichteten Emotionen nicht mehr so häufig in Wutanfällen nach außen zeigen. Für viele Narzissten kann es sehr heilsam sein, sich mit dem inneren Kind zu versöhnen und sich selbst die Liebe zu geben, die man als Kind nicht bekommen hat.

SELBSTREFLEXION

Da die Veränderungsmotivation eine der wichtigsten Komponenten der Heilung des Narzissten ist, ist es auch wichtig, sich selbst reflektieren zu können. Wenn man keine narzisstische Persönlichkeitsstörung, aber narzisstische Verhaltenstendenzen hat, kann manchmal schon einfache Selbstreflexion zur Veränderung wesentlich beitragen.

Selbstreflexion ist etwas, das einige Leute von Natur aus mehr machen und andere nicht. Auch unsere Lebensgeschichte trägt dazu bei. Echte Selbstreflexion hinterfragt das eigene Verhalten und die eigenen Motive kritisch, aber nicht verurteilend. Sich selbst reflektieren zu können, heißt Zugang zu sich selbst zu haben und die eigenen Wünsche, Motivationen und Ziele zu verstehen. Anhand dessen kann man sein eigenes Verhalten in einen Bezug dazu setzen und sich fragen: Was hat mich motiviert, so zu handeln? Bin ich wirklich im Recht oder rede ich mir das gerade nur ein?

Durch die Nähe zu sich selbst kann man letztlich Abstand zu sich selbst gewinnen. Ein Zugang zu den eigenen Gefühlen lässt zu, dass man sich auch von außen und objektiv betrachten kann – denn man weiß ja, welche emotionalen Regungen man dafür ignorieren muss.

Selbstreflexion kann antrainiert werden. Dazu ist es am einfachsten, sich bei kleinen Reizungen einen Moment Zeit zu geben und sich zurückzuziehen. Diese Zeit mit sich selbst sollte man dann aktiv dazu nutzen, um darüber nachzudenken, was gerade in einem vorgegangen ist und ob das Verhalten auch objektiv begründet war.

Es ist nicht schlimm, sich im Nachhinein für Fehler zu entschuldigen. Wir sehen das oft als Schwäche, aber eigentlich ist es eine unserer größten Stärken. Durch Selbstreflexion werden Entschuldigungen ehrlich, denn sie schieben die Verantwortung nicht mehr einer anderen Person zu.

ABHÄNGIGKEIT VON BESTÄTIGUNG ERKENNEN UND AUFLÖSEN

Das Ziel, um Narzissmus und narzisstische Verhaltenstendenzen zu überwinden, ist es, die Abhängigkeit von Bestätigung aufzulösen. Durch die Erkenntnis, dass man selbst auch verletzlich ist und dass man diese Bestätigung von anderen sucht, ist der erste Schritt meistens schon getan. Das Ablassen von diesen Verhaltensmustern ist allerdings schwierig.

Es ist, wie schon gesagt, ein langer Weg von Erkenntnis bis zur aktiven Veränderung. Anfangs ist diese Veränderung vielleicht nur klein. Über einen längeren Zeitraum hinweg wird es allerdings besser und man fühlt sich selbst gesünder und glücklicher.

Für die Partner und Familien von Narzissten ist vor allem wichtig, zu erkennen, dass der Hilfebedarf nicht von ihnen gestillt werden kann. Der Narzisst muss, mit Unterstützung von professioneller Seite aus, selbst diesen Weg gehen. Der Gedanke, dass man den Narzissten retten kann, ist schlichtweg falsch. Solange der Narzisst immer „gerettet“ wird, wird er in seinen destruktiven Verhaltensmustern bestätigt und überwindet diese nicht. Zum Wohle des Narzissten und zum Wohle von sich selbst sollte man daher diese Vorstellung loslassen und ihm die professionelle Hilfe erlauben, die er benötigt.

Genau dreizehn Monate ist es nun her, als ich damals in der Innenstadt meine Nummer dem charmanten fremden Mann gegeben habe. Die ersten Treffen waren wunderbar. Ich erinnere mich immer wieder daran, wie unglaublich einfühlsam und sanft er am Anfang gewesen ist.

Mit der Zeit allerdings musste ich feststellen, dass ich mich vielleicht in ihm getäuscht habe. Allerdings habe ich ihn nicht aufgegeben, auch wenn mir immer mehr bewusst wird, dass er auch eine andere Seite in sich trägt.

Heute ist einer dieser Tage, an dem ich etwas später als sonst abends nach Hause komme, weil ich mich mit meinen Freundinnen zu einem Getränk getroffen habe, und sofort bemerke, dass er scheinbar wütend ist.

Allerdings sagt er nichts. Er bleibt still und schweigt, so wie immer, wenn er auf mich wütend ist.

Er straft mich mit seinem Schweigen.

Natürlich frage ich ihn, was los ist, aber bekomme einmal wieder keine Antwort, dabei weiß er ganz genau, wie sehr ich es hasse, wenn er mich so anschweigt.

Erst nach gefühlt dem fünfzehnten Versuch antwortet er mir dann doch endlich.

„Ich mag es lediglich nicht, dass du lieber mit deinen Freundinnen ausgehst, als für mich zu kochen", spricht er mit desinteressierter Stimme, als wäre es ihm eigentlich egal.

Diese Art von Anschuldigung bin ich bereits gewöhnt, ich muss sie ständig über mich ergehen lassen. Mittlerweile hindert er mich daran, meine Familie und meine Freunde zu sehen.

Ich verstehe es nicht. Ich will ihm nicht wehtun und scheinbar tue ich das, wenn ich meine Freundinnen sehe. Seine Anschuldigungen gehen mir sehr nahe. Ich will doch nur, dass er glücklich mit mir ist.

Der Selbsthilfe Guide bei Narzissmus – Zehn Schritte zu mehr emotionaler Freiheit

Es ist nicht einfach, sich emotional von einem Menschen zu lösen, der einem etwas bedeutet und mit dem man viel gemeinsame Zeit verbracht hat. Aber du musst dich auch selbst schützen können. Dazu findest du hier praktische Tipps formuliert, mit denen du dich gegen narzisstischen Missbrauch wappnen kannst.

HILFE IN ANSPRUCH NEHMEN

Es kostet viel Überwindung, sich an jemanden zu wenden und um Hilfe zu bitten. Gerade in einer narzisstischen Beziehung wird einem ohnehin schon das Gefühl vermittelt, dass man selbst die größte Schuld an allem trägt. Hinzu kommen oft Zweifel, ob die eigene Situation wirklich so schlimm sei. Obendrauf fühlt man die Scham, nicht früher erkannt zu haben, dass man Hilfe benötigt.

Dabei ist das Beste, was wir tun können, uns Hilfe zu besorgen. Einen Menschen mit narzisstischer Persönlichkeitsstörungen können wir nicht heilen, nicht retten und nicht allein verändern. Damit wir selbst nicht in dem Strudel versinken, brauchen wir andere Menschen. Ob es zunächst ein/e FreundIn, ein Familienmitglied oder eine Beratungsstelle ist, spielt keine Rolle. Wichtig ist, sich selbst zuzugestehen, diese Hilfe auch anzunehmen.

Hilfe muss nicht von heute auf morgen kommen oder in die Wege geleitet werden. Es ist auch in Ordnung, Freunde subtil darauf vorzubereiten. „Hey, in letzter Zeit läuft es nicht so gut zwischen uns – kann ich dich vielleicht anrufen, wenn etwas passiert?“ Mit solchen Sätzen kann man die Basis und die Sensibilität dafür schaffen, Rückhalt zu bekommen. Sich Hilfe zu sichern, kann einen auch stärken, den Partner auf Probleme anzusprechen.

Lass nicht deine Scham oder Schuldgefühle dafür sorgen, dass du keine Hilfen in Anspruch nimmst! Du trägst nicht die Schuld an deiner Situation und selbst wenn es so wäre, wäre es in Ordnung, um Hilfe zu bitten, wenn man sich hilflos fühlt.

STABILES UMFELD

Ein stabiles Umfeld ist der wichtigste Rückhalt, den man haben kann, wenn man in einer narzisstischen Beziehung gefangen ist. Narzissten versuchen, ihren Opfern dieses stabile Umfeld zu entreißen und sie zu „entwurzeln“. Deswegen kann es hilfreich sein, dir dieses stabile Umfeld zu erhalten oder dir selbst eines zu erschaffen.

Ein echter Freundeskreis, Verwandtschaft oder auch eine Partnerschaft, wenn der Narzisst nicht der Partner ist, kann solch ein stabiles Umfeld sein. Allerdings auch Routinen, wie Arbeit, Hobbys oder sogar ein täglicher Spaziergang ins Café, können dir Halt geben, wenn du es regelmäßig und ohne die narzisstische Person machst.

Versuche deine Freundschaften zu erhalten – bei echten Freunden kann man sich auch entschuldigen, wenn man sie zuvor vernachlässigt hat. Der Narzisst wird alles dafür geben, dich dieser Stabilität zu berauben. Lasse das nicht zu!

SOZIALE BEZIEHUNGEN ERWEITERN

Nicht nur der Erhalt der bereits bestehenden Kontakte, sondern auch die Erweiterung dieser und Schaffung neuer sozialer Beziehungen geben Halt. Je mehr Menschen man um sich hat, denen man Vertrauen schenken kann, desto weniger anfällig wird man für narzisstische Manipulation.

Soziale Beziehungen haben nicht nur den Vorteil, dir Stabilität und Rückhalt zu geben, sondern sie können dich auch ablenken und dir aufzeigen, wenn der Narzisst emotional missbräuchlich wird. Zusätzlich können soziale Kontakte dabei helfen, dass du deine eigene Wahrnehmung behältst und ihr vertraust.

Dem Narzissten wird es nicht gefallen, wenn du viele soziale Kontakte hast, denn sie werden deine Aufmerksamkeit auf sich ziehen. Er darf und soll nicht deine gesamte Aufmerksamkeit erhalten. Manchmal zeigt sich durch den Entzug der Aufmerksamkeit das wahre Gesicht des Narzissten.

THERAPIE

Dieser Schritt fällt vielen Leuten schwer, so wichtig er auch ist. Ab einem gewissen Zeitpunkt hilft oft nur noch Therapie für den Narzissten, für dich oder auch als Paar gemeinsam. Paartherapie in Kombination mit einer Therapie für den Narzissten ist eine gute Grundlage, um an einer Beziehung zu arbeiten, die zum Beispiel schon sehr lange besteht, nicht körperlich misshandelnd ist und in der Kinder vorhanden sind. Allerdings sollte von beiden Seiten aus dafür Interesse bestehen, diese Beziehung zu erhalten.

Du kannst, wenn du nicht mehr weiterweißt, therapeutische Hilfe in Anspruch nehmen. Gehe aber nicht mit der Vorstellung hinein, dass sobald du „geheilt" bist, eure Beziehung das auch ist. Immerhin ist der Narzisst der missbräuchliche Part in dieser Beziehung. Schlussendlich ist das Wichtigste, dass sich auch der Narzisst professionelle Hilfe sucht.

Auch nach der Trennung von einer narzisstischen Beziehung, die mitunter von übler Nachrede geprägt ist, kann eine Therapie hilfreich sein, um deine eigenen Verhaltensmuster zu erkennen und zu durchbrechen. So schützt du dich davor, dich von einem Narzissten blenden zu lassen.

Scheue dich nicht davor, auf solche Mittel zurückzugreifen. Therapie ist dazu da, damit sie genutzt wird. Die meisten Menschen nehmen im Laufe ihres Lebens eine Form von Beratung wahr, weil sie nicht mehr weiterwissen. Es ist in Ordnung und nichts, für das man sich schämen bräuchte. Ganz im Gegenteil: Es ein Zeichen für deine Stärke, deinen eigenen Hilfebedarf zu erkennen.

LEBENSPRIORITÄTEN NEU AUSRICHTEN

Für viele Menschen in einer co-abhängigen Beziehung ist es das oberste Gebot, in dieser Beziehung aufzugehen und dem Partner alle Wünsche zu erfüllen. Oftmals hat man schon lange von einer solchen Partnerschaft geträumt und nun scheint sie zumindest zu Beginn perfekt gewesen zu sein, und es ist wert, dafür zu kämpfen. Oder aber man versucht schon sein ganzes Leben lang, das narzisstische Elternteil zu befriedigen, indem man Job, Partner und Wohnort nach ihm ausrichtet.

Du allein solltest entscheiden, wie dein Leben auszusehen hat. Deswegen solltest du auch deinen eigenen Bedürfnissen nachgehen. Wenn es dir zu sehr schwerfällt, dies mit der Beziehung zu vereinbaren, musst du vielleicht deine Lebensprioritäten neu ausrichten.

Das bedeutet nicht, dass du dich gänzlich von dem Gedanken an eine Partnerschaft oder Familie befreien musst. Es ist lediglich ein Schritt, dir selbst näherzukommen und dich mehr von den Fesseln zu befreien. Überlege dir, was dir wirklich wichtig ist oder worauf du dich statt deiner Beziehung fokussieren kannst. Vielleicht hilft es dir, mehr in der Arbeit zu sein oder mehr deinen Hobbys nachzugehen. Es kann auch helfen Freunden mehr Beachtung zu schenken.

EIGENE ZIELE & WÜNSCHE FORMULIEREN

Mache dir einen Plan. Denke an deine Werte und an deine Träume. Du musst nicht sofort dein ganzes Leben um 180 Grad wenden. Aber für dich selbst ist es ein wichtiger Schritt, dir über deine Wünsche und Ziele im Leben bewusst zu werden. Schreibe sie auf, denke darüber nach oder befasse dich mit Möglichkeiten, diese umzusetzen.

Deine Wünsche können sich auch auf eine Partnerschaft beziehen. Wenn du merkst, dass diese Wünsche nicht erfüllt werden, dann überlege dir gut, ob du diese Partnerschaft dann noch weiter haben willst.

Wünsche und Ziele zu formulieren klingt banal, die Präsenz dieser kann allerdings ein wichtiger Anker sein, um sich im Alltag zu orientieren. Sie schickt deine Gedanken und Gefühle immer wieder durch den Filter „Aber was will ich eigentlich" und prüft somit viele destruktive Verhaltensmuster auf ihre Sinnhaftigkeit für dich. Das stärkt deinen Willen, auch für dich selbst da zu sein. Außerdem stellt es Kontakt mit dir selbst her und mit deinem eigenen verletzten inneren Kind.

RESILIENZ AUFBAUEN

Die Fähigkeit, auch nach Rückschlägen wieder aufzustehen und aus diesen für die Zukunft zu lernen, nennt man Resilienz. Jeder Mensch ist bis zu einem bestimmten Punkt resilient. Resilienz kann aber auch trainiert und erlernt werden. Ziel ist es hierbei, sich für den emotionalen Missbrauch und die Manipulationen zu wappnen, wenn man ihnen nicht ausweichen kann.

Akzeptanz ist das Schlüsselwort zu einer gestärkten Resilienz. Man kann lernen, zu akzeptieren, was einem widerfahren ist oder widerfährt. Akzeptanz bedeutet nicht, in der Situation zu verharren oder zu glauben, man hätte diese verdient. Akzeptanz bedeutet lediglich das Anerkennen einer bestimmten Situation.

Hat man diese Situation erst einmal akzeptiert, kann man in einem weiteren Schritt lösungsorientiert daran arbeiten, wie man die Situation ändern kann oder nächstes Mal darauf reagiert. Ein Beispiel dafür wäre ein eskalierter Streit, in dem der Narzisst seine eigene Schuld nicht eingesteht und mit Silent Treatment reagiert. Im ersten Moment entsteht bei dir vielleicht das Gefühl von unglaublich viel Schuld. Die Akzeptanz deiner Gefühle mäßigt deine emotionale Reaktion auf den narzisstischen Missbrauch. Um nun lösungsorientiert vorzugehen, kannst du dir überlegen, wie du das nächste Mal reagieren kannst, wenn der Narzisst in Wut ausbricht. Dabei steht weniger die tatsächliche Verhaltensreaktion – diese wird beim Narzissten wahrscheinlich nichts ändern – sondern mehr deine eigene emotionale Reaktion im Vordergrund des Geschehens. So entwickelst du nach und nach die Fähigkeit, diese Art von Drama nicht mehr an dich heranzulassen, und welche Strategien dir am besten helfen, um da wieder herauszukommen.

CO-ABHÄNGIGKEITEN BEENDEN

Es ist ein schwieriger Schritt eine co-abhängige Beziehung letztlich zu beenden. Aber er ist trotzdem in den meisten Fällen notwendig. Um diesem Schritt vorzugreifen und dich zu lösen, ist es zunächst wichtig, die Abhängigkeit zum Narzissten zu beenden.

Gehe raus, unternimm etwas mit deinen Freunden und versuche, dich nach und nach von der Abhängigkeit zu lösen, und zwar indem du deine Prioritäten verschiebst. Versuche, den Narzissten nicht mehr in seinem Leid und seiner Sucht nach Aufmerksamkeit zu bestätigen. Je mehr du dich um ihn bemühst, desto mehr tust du das, was er von dir will. Dem kannst du nur entkommen, indem du ihm die Aufmerksamkeit nicht komplett, aber in einem gesunden Maß entziehst.

Auch wenn dieses Verhalten vielleicht nicht den Einfluss auf deinen Partner hat, den du dir wünscht, so wird es doch einen beträchtlichen Einfluss auf dich haben. Indem du dich selbst von diesem Menschen löst, erfährst du eine ganz neue Eigenständigkeit und Kraft, von der du vielleicht nicht einmal wusstest, dass du sie besitzt.

Sei vorsichtig: Sich gleich in eine neue Beziehung zu stürzen, kann die Abhängigkeit nur verlagern, sie aber nicht beenden. Halte die Augen auf nach „Folge-Narzissten“. Das gilt auch für familiäre Bindungen. Ein romantischer Partner ersetzt vielleicht nur die narzisstische Bindung, die du an ein Familienmitglied hast. Wenn du neue Bindungen eingehst, versuche sehr sensibel dafür zu sein, was genau du aus dieser Partnerschaft erhältst. Tausche die eine Abhängigkeit nicht gegen eine neue.

GESUNDE ROUTINEN ENTWICKELN

Um dem narzisstischen Missbrauch zu entkommen, ist es wichtig, gesunde Routinen zu entwickeln. Dabei geht es darum, die Abhängigkeit zu lösen, indem du Stabilität in deinen Alltag bringst.

Narzissten machen einen abhängig von sich, so wie sie abhängig von der Bestätigung anderer sind. Diese Abhängigkeit bringt dich dazu, dass du ständig nach der Vorstellung des Narzissten fungierst. Sei es, weil er Termine platzen lässt, viel zu spät kommt, nicht mehr mit dir redet oder sich nicht meldet – dein ganzer Tagesablauf gestaltet sich nach ihm. Gerade deshalb ist es eine wirksame Methode, eigene Tagesabläufe und Routinen zu haben.

Schalte dein Telefon aus. Du musst nicht immer für ihn erreichbar sein. Erledige deine Arbeit nach deinem Tempo und lege Termine so, dass sie in deinen Zeitplan passen. Mache bewusst Termine mit Freunden, die du garantiert nicht verschiebst, um ihn zu treffen. So schaffst du es, die Abhängigkeit Schritt für Schritt zu lösen.

Wie bereits erwähnt, kann auch ein eigenes kleines Ritual, wie etwa Kaffee trinken zu gehen, eine Möglichkeit sein, dir eine eigene Routine zu schaffen. Auch der Besuch einer

Selbsthilfegruppe oder eines Sportvereins kann zu deiner Routine werden.

Ziel ist es, die narzisstische Bestätigung und Kontrollsucht des Partners oder Familienmitglieds zu unterbinden, indem du deutliche Zeichen setzt. Wichtig ist, dass nicht nur du dich auf andere Personen einstellst. Gleichzeitig stärken diese Routinen dich für den Zeitraum, in dem du die Beziehung schließlich endgültig beendest. Dadurch hast du schon einen sicheren Tagesablauf, der dich davon abhält, dich an dem Narzissten auszurichten.

INNERES KIND-MEDITATION

Schlussendlich: versöhne auch du dich mit deinem eigenen inneren Kind. Wenn wir in eine co-abhängige Beziehung geraten, traumatisiert dieses Ereignis uns oft. Häufig geraten wir aber auch erst in diese Situation, weil wir bereits verletzt sind. Versöhne dich mit deinen eigenen inneren Verletzungen, indem du dir Zeit nimmst, dein Selbst wiederzuentdecken.

Meditiere und versetze dich zurück in deine Vergangenheit. Denke an all die schönen Momente in deiner Kindheit. Denke daran, was dir Freude bereitet hat und „treffe" dich regelmäßig mit dieser Version von dir selbst. Sage dir: „Du bist nicht schuld an dem, was dir widerfahren ist."

Es gibt viele Meditationstechniken, um dein inneres Kind kennenzulernen und dich mit ihm zu versöhnen. Es gibt kein richtig oder falsch, was das angeht: Tu, was sich für dich richtig anfühlt, und lasse dich nicht davon abbringen. Erst wenn wir unsere eigenen Verletzungen heilen und unsere eigene

Verletzlichkeit akzeptieren, können wir zulassen, dass wir eine gesunde emotionale Bindung eingehen und verdienen.

Es ist doch schon recht lange her, dass ich das letzte Mal in der Innenstadt spazieren war, und eigentlich sollte ich auch gar nicht draußen sein. Zu Hause warten so viele Aufgaben auf mich, aber ich habe mich selbst den ganzen Tag schon dabei beobachtet, wie ich immer wieder beinahe sehnsüchtig nach draußen geschaut habe.

Der Tag ist einfach zu schön, um ihn in meiner kleinen Wohnung zu verbringen und ich muss wirklich zugeben, dass heute einer der schönsten Tage seit Langem ist; die Sonne steht hoch am blauen Himmel und keine einzige Wolke verdeckt die warmen Strahlen. Ein leichter Wind streicht über meine Haut. Ja, ich denke, dass es durchaus eine gute Idee ist, den Tag heute draußen zu verbringen.

Ich muss aber auch zugeben, dass ich gewiss nicht damit gerechnet habe, auf einmal von jemandem angesprochen zu werden. Immer häufiger erwische ich mich selbst dabei, wie ich verträumt in der Gegend umherschaue oder den Blättern mit meinem Blick folge, die im sanften Wind umhergetragen werden. Meist bekomme ich daher auch gar nicht mit, wenn mich einmal wirklich jemand anspricht.

„Entschuldigung, weißt du vielleicht, wo es hier in der Nähe ein gutes Café gibt?", fragt der junge Mann, nachdem er mir vorsichtig auf die Schulter tippt und ich mich doch ein wenig überrascht zu ihm herumdrehe.

Natürlich will ich nicht unhöflich erscheinen und beantworte ihm also seine Frage, auch wenn mir sein charmantes Lächeln sofort auffällt.

„Die Straße hinunter und an der zweiten Kreuzung rechts gibt es ein sehr gutes Café. Die haben sogar Billardtische", beantworte ich ihm deswegen seine Frage und lächle dabei selbst leicht. Irgendwie muss ich zugeben, dass sein Lächeln doch recht ansteckend ist.

Er sieht kurz in die Richtung, die ich ihm beschrieben habe, allerdings bleibt er dann doch noch weiterhin stehen.

„Stimmt etwas nicht?", frage ich deswegen vorsichtig nach. „Also, wenn ich ehrlich sein soll, dann habe ich mir nur irgendeine Ausrede einfallen lassen, um dich ansprechen zu können. Vermutlich hätte ich es mir den ganzen Tag nicht verziehen, wenn ich dir nicht gesagt hätte, dass ich dich süß finde", erklärt mir dann allerdings der junge Mann immer noch mit einem Lächeln auf den Lippen, dieses Mal aber mit einer Hand, die er sich ein wenig beschämt in den Nacken legt.

Meine Augen werden ein klein wenig größer. Damit habe ich nun wirklich nicht gerechnet, aber ich muss zugeben, dass seine Ehrlichkeit und sein Selbstbewusstsein mich doch beeindruckt haben.

Schlusswort

Narzissmus ist keine Schande. Weder davon betroffen zu sein noch von einem Menschen mit Narzissmus ausgenutzt zu werden. Auf beiden Seiten stehen letztlich große Verletzungen, die durch den Entzug von Aufmerksamkeit und Liebe zustande gekommen sind. Man kann dies akzeptieren und bemitleiden, ohne deshalb den emotionalen Missbrauch durch den Narzissten runterzuspielen.

Narzissten sind nicht „unrettbar", aber der Partner oder das Kind eines Narzissten ist nicht die Person, die sie retten muss – das kann nur der Narzisst selbst. Indem wir aufhören, den Narzissten die Bestätigung zu geben, die sie suchen, und anfangen, uns selbst zu lieben und zu heilen, tun wir bereits das Beste für uns und die Narzissten. Du hast keine Schuld an dem Missbrauch durch den Narzissten – er oder sie trägt die Verantwortung dafür. Vergiss aber nicht, dass der Narzisst Gründe hat, warum er so handelt. Diese Gründe liegen nicht bei dir, sondern in seiner eigenen Verletzung.

Schlussendlich müssen wir alle zu uns selbst finden, um eine gesunde Bindung mit einem Menschen einzugehen. Es gibt Hilfen für dich, wenn du aus einer narzisstischen Beziehung entkommen möchtest – Scheue nicht davor, sie in Anspruch zu nehmen!

Als letztes möchte ich dir folgenden Rat mit auf den Weg geben: Bleibe bei dir und vertraue auf deine eigene Wahrnehmung, um Narzissten zu erkennen und ihnen zu begegnen.

Impressum:

Alena Klang, vertreten durch Thomas Pickel, Calle Brezo 59, ES-35200 Telde

Printed in Poland
by Amazon Fulfillment
Poland Sp. z o.o., Wrocław

74793920R00069